vozes guardadas

Elisa Lucinda

vozes guardadas

1ª edição

EDITORA RECORD
RIO DE JANEIRO • SÃO PAULO
2016

CIP-BRASIL. CATALOGAÇÃO NA PUBLICAÇÃO
SINDICATO NACIONAL DOS EDITORES DE LIVROS, RJ

Lucinda, Elisa

L971v   Vozes guardadas / Elisa Lucinda. – 1ª ed. – Rio de Janeiro:
Record, 2016.

ISBN 978-85-01-08738-6

1. Poesia brasileira. I. Título.

CDD: 869.1
16-3471   CDU: 821.134.3(81)-1

Texto revisado segundo o novo Acordo Ortográfico da Língua Portuguesa.

Direitos exclusivos desta edição reservados pela
EDITORA RECORD LTDA.
Rua Argentina, 171 – Rio de Janeiro, RJ – 20921-380 – Tel.: (21) 2585-2000.

Impresso no Brasil

ISBN 978-85-01-08738-6

Seja um leitor preferencial Record.
Cadastre-se em www.record.com.br e
receba informações sobre nossos
lançamentos e nossas promoções.

EDITORA AFILIADA

Atendimento e venda direta ao leitor:
mdireto@record.com.br ou (21) 2585-2002.

*"Você é uma artista, sua roça é aqui,
pega seu caderno, seu lápis de boa
ponta e capina, minha filha,
capina sem preguiça, capina, capina
sem parar, de sol a sol."*

Adélia Prado

SUMÁRIO

III. O náufrago

IV. Cartas no mar

V. Carta anônima

VI. O livro dos bilhetes

VII. A escrevente

VIII. Carta negra

IX. Cartas no jardim

LIVRO SEGUNDO: O LIVRO DO DESEJO

I. O lobo

II. Cantos pra passarim

III. Caderno das águas

Chove, oração sem sujeito (Onze poemas de chuva. Cairão no mar)

IV. Dor guarani

V. Baralho do sonho

VI. El deseo, a lira dos amantes

APRESENTAÇÃO
O coração na ponta da caneta

A comovente e interessante coletânea de poemas *Vozes guardadas* marca a consolidação do valor poético de Elisa Lucinda no mundo das letras.

Dividida em dois momentos, a obra reúne, no livro primeiro, *Jardim das cartas*, e, no segundo, *O livro do desejo*, sua produção poética entre 2005 e 2016. Linguagem fácil, sem rebuscados literários, percebe-se nesta obra a força de expressão alicerçada na enobrecida sensibilidade feminina.

Li estes versos e, mais uma vez, inebriei-me de sua poesia. Alma grandiosa, alma que canta, que chora, que ri... Alma que fala dos sonhos de justiça para o mundo, alma que fala de sonhos acalentados pelo amor que está presente no sonho de todas as mulheres. Com ideias claras e distintas, com inspiração permanente, seus versos falam também do cotidiano, das águas, dos jardins, do silêncio, das cartas enviadas, mensagens que chegam ao nosso coração de forma contundente.

Ela é uma poeta inteira, de uma inspiração sem limites. Às vezes, realista, quase sempre impressionista, consegue, com elevada maestria, mostrar-nos a beleza que lhe palmilha a inspiração, para atingir a plenitude de ser este rico ser humano em forma de mulher, e uma mulher dos novos tempos.

A menina de ontem, de apenas 11 aninhos, que vi crescer como minha aluna no curso de Interpretação Teatral de Poesia, cá, em terras capixabas, é ouro na minha vida. E é ela que hoje, com seus expressivos olhos verdes brilhando de emoção, escreve com o coração na ponta da caneta. Porque lhe caíram tão bem os versos modernistas que lhe ensinei ainda em menina, ela gosta de me chamar de "mãe de sua poesia". No entanto, hoje, posso ser sua discípula, pois seus versos penetrantes me fizeram vivenciar uma realidade contraditória a se perder nas brumas do calendário, transportando-me a outra realidade primorosa, que só pode ser delegada aos seres credenciados, para salpicarem de sonhos a "moldura mágica" de nossas mentes, onde Elisa, um dia, chegou para ficar eternamente!

Elisa é uma das mais importantes escritoras e *diseuses* do nosso país, entre os bons nomes existentes. Não me cabe dizer mais nada. Esta apresentação não é senão um convite aos leitores para que leiam a obra. O convite está feito. A obra fala por si mesma. E como fala!

Maria Filina Salles de Sá de Miranda
Vitória do Espírito Santo, inverno de 2016

AGRADECIMENTOS

Numa tarde de primavera, saindo da aula de música, tive a revelação: meu amigo, músico e professor Ronald Valle me pediu que cantasse num determinado tom. Foi então que saíra de mim uma voz que eu nunca antes ouvira. Inédita para mim, sua dona. Imediatamente indaguei sobre o mistério, ao que esse mestre me respondeu: "Essa voz estava guardada dentro de você." Então existem vozes guardadas? Insisti. "Sim, há pessoas que passam a vida sem conhecer suas vozes." Atordoada com a informação, peguei o caminho de luz na rua vespertina e liguei pra Geovana Pires pra contar a novidade da descoberta. Vozes Guardadas?! "Nossa, que título lindo!", ela disse. Nesta hora eu soube que este era o nome dessas vozes que agora transfiro para a guarda de vocês: um conjunto de dois livros oriundos do que escrevi nesses últimos onze anos em poesia. Minha gratidão a Ronald, Geovana Pires, Juliano Gomes, Zanandré Avancini, Ricardo Bravo, Magali, Julio Estrela, Wagner Merije, Fabricio Boliveira, Cássio S. do Nascimento, Martinha Tristão, minha irmã Margarida Eugênia, meus alunos da Casa Poema, e todos que ouviram, leram, provaram destes inéditos nas tardes, nas praias, nas camas, nas festas, nos saraus. Honra minha inteira ter a sagaz lente deste sensível fotógrafo capixaba, meu amigo querido, Victor Nogueira. Segue ainda um agradecimento muito especial a Taís do Espírito Santo, quem, em meio a tantas digitações, testemunha o nascimento desta obra, filha de tanta intimidade. É verdade, nenhum ser humano faz sozinho a travessia do seu tempo.

PRÓLOGO

"O que segura o mar nos seus limites tem
carinho com o mar. Por que não terá comigo
que também sei bramir?"

Adélia Prado

Vozes guardadas

Todo poema é um bilhete, uma carta, uma seta.
Todo poema é uma visão, um aviso, um pedido, uma conversa.
Todo poema é um sinal de perigo, socorro, promessa.
Todo poema pode ser um convite, um alfinete, um beijo, um
[estilete.
Todo poema é fome, banquete, destino e meta.

Eu, pra todo lado que miro, vejo a bagunça, a farra dos inéditos,
[a festa.
Está tudo em mim pelas bordas,
e só Deus sabe do disse me disse no interior das gavetas!
Multidões de vozes me habitam com desenvoltura,
invadiram estradas, linhas, cadernos, partituras.
São tribos que vêm com seus alforjes,

são sonhos de literatura,
são palavras que aproveitam e fogem,
são verbos do norte que vieram da loucura,
são letras cotidianas que traduzem a experiência do viver,
são rebanhos de incertezas que migram para as rimas para vencer
são lágrimas de dor e beleza,
que se fizeram guerreiras antes de escorrer.
Fantasmas flagrados em pleno delito,
organização do não dito, manobra do subjetivo.
Escrever é um modo novo e antigo de ver,
de perceber a elaboração do pensamento sobre um sentido,
enquanto testemunha-se o imponderável do acontecimento dos
[fatos.
A palavra fotografa mas não é um retrato.
Nada tem de estática, nunca mais.
Uma vez escrita está esperta e à espreita.
Muito mais à espreita do que quando pensada.
Basta um olhar alfabetizado sobre a escrita palavra,
e pou! Volatiza-se sua potencialidade, abrem-se as travas,
e o mar de significados começa e não cessa de bater e de voar.
Pois de tudo isso, deste acervo contido,
é que meu espírito está hoje repleto,
e é por estar muito cheio que este meu ser está incompleto.
...

A cena interna é alarmante:
há palavras crianças trabalhando em mim, para mim, perdidas
[nas agendas!
São verbosinhos menores de idade,
aos quais prometi livro, abrigo, um lugar no mundo onde morar.
Há palavras inocentes fazendo trabalho escravo,
sem que de tal exploração eu não me imaginasse capaz.

Outras, velhas demais, são palavras que passaram do ponto da
[publicação,
viraram tardias explicações do que já não interessa mais.

Creia-me, trago vozes antigas, vozes ancestrais,
que dominam minhas páginas, as de papéis e as virtuais.
Quando quero dormir, roncam as mais inquietas,
ronronam as mais descansadas, gemem as mais caladas,
gritam as que querem ser libertas, forçando a porta da casa.

Todo poema é uma notícia, um pedaço de diário, um desabafo,
uma fala emocionada ou triste
no calendário do nosso ambíguo caderno de chorar.
Choro por guardá-las,
chorei ao escrever algumas,
e choro agora na hora de oferecê-las ao público redentor.
Estavam dentro do tempo esperando essa hora, este clamor.
Todo poema é um comunicado, uma batida de tambor.
Todo poema é um chamado, uma missiva que a gente ainda não
[mandou.
Todo poema pode ser um romance, uma nova chance,
um caso mesmo de amor.
Uma prova factual, uma epístola de fervor com a vida,
um emplastro, um pacto, um fino haicai sobre a ferida,
ainda que não seja premeditadamente a última, a do suicida,
todo poema, de alguma forma é,
daquele beiral do instante,
daquela varanda da lida,
todo poema é
uma carta de despedida!

(Quase verão, Goiânia, 2012)

Livro primeiro
Jardim das cartas

"Palavras têm raízes na minha infância."

Manoel de Barros

Dedico este livro ao jardim de minha casa. Como é avarandado e suspenso, seu lustre teve a honra de receber um inquilino passarim. Isso só pra dizer o mínimo deste templo de onde nasceram tantas palavras. Divino lugar. Ao me reconstruir, germinei um jardim inteiro que germinou em mim uma profusão de palavras com as quais ergo o meu castelo.
Eis o serviço da terra em mim.
Fértil terreno donde brotaram essas cartas que usam este livro como carteiro.
O destinatário é você que me escuta, que me entende, que me vê. Flores palavras venho lhe oferecer.

"Ai, palavras, ai palavras,
que estranha potência, a vossa!
Ai, palavras, ai palavras,
sois de vento, ides no vento,
no vento que não retorna,
e, em tão rápida existência,
tudo se forma e transforma!"

Cecília Meireles

I

Carta guardada no decote

"Como um diamante meu amor se perfaz, indestrutível."

Adélia Prado

Carta devolvida

Se não gostar mais de mim
não me responda nada
não me diga nada
não quero que fiquem gravadas
as palavras do não querer.

Se não gostar mais de mim
ninguém precisa saber
nem eu.
Se não gostar mais de mim
seja breve seja leve seja zen
silêncio de ioga e Sidartha.
Mas se ainda sonhar comigo,
por favor, meu amor,
devolva essa carta.

A doce angústia

Que queria estar totalmente feliz
mas que totalmente feliz, agora,
era uma viagem, uma ilusão.
Que achava um jogo peri-gozo
embora cheio de emoções.
Que tinha de noite pensamentos de mim, ereções.
Que dormia sem mim
mas que era de mim que tinha fome.
Que tinha medo de, à noite,
em meio ao sono insone,
do lado da outra,
pronunciar alto, bem alto, o meu nome.

Paisagens

Um dia eu vi nossa estrada pra frente,
antevi a lonjura do profundo percurso.
Mas a vida é rio,
e rio que é rio
uma hora muda seu curso.

No dia de hoje
vejo nossa estrada pra trás,
olho o caminho andado:
andei muito, corri demais.
Passei do ponto daquela espécie de paz.

*(Noite alta sacopã, banheiro,
17 de outubro. Dia da asa/2007)*

Carta guardada

Mãos secas,
peitos tristes,
tudo isso reboa nesta manhã dissoluta
desta paulista vista sem você
na janela da possibilidade.
Meu amor, meu amor, meu amor,
grita burro o coração por detrás da verdade.
Ninguém responde.
Sei no entanto que me amas escondido,
no avesso do orgulho,
embaixo da linha da vaidade.

Lágrimas renitentes,
coração doído,
meu corpo pede o nosso encaixe e teu abrigo.
Meu amor, meu amor, meu amor,
geme louca minha poesia Sherazade.
O sono do amor deixou órfãs as mil e uma noites,
legou açoites ao desejo e à vontade.
Tudo isso judiando,
debaixo do manequim da saudade.

(Sampa, 7 de março de 2005)

O segredo

É madrugada.
Ninguém sabe de mim.
Ninguém sabe o que penso.
Ninguém sabe de nada.
Sou da esgrima da palavra.
Valente espadachim em pensamento.
Nada pode me deter,
nem eu, enfim.

Por isso penso em você
escondido de mim.

(Primavera de flor)

O castelo

Por causa dos meus erros
e de outras mazelas,
e só porque a aurora não me pareceu tão bela,
esborrou de mim a velha angústia, aquela.
Moradora do existencial humano,
habitante de seu manancial,
desde o tempo das cavernas.

Ó velha angústia de variados temas,
questões, habituais problemas;
sem contar os pontuais:
o que comer,
onde morar,
o que vestir,
como chegar
e num sei que mais.
Dói porque o dia não raiou
exatamente bom
depois da difícil noite em que
fantasmas me açoitaram o pensamento
com sua foice e martelo.

Só fiquei boa no fim da tarde,
quando tirei da alma o velho chinelo
e nele entrei, como num palácio de ouro e de renda belo.
Entrei no palácio de ouro do meu vestido amarelo.

Ressaca de quase amor

O Rio de Janeiro expande seus esplendores na minha cara.
O filme daquela doce madrugada
passada no clarão da Guanabara
não cansa de passar aqui
e meu olhar vai se perdendo sobre a cidade.
Não mais te lembrar, meu quase amor,
agora é a minha dificuldade.

O rio de pandeiro percursiona suas ilusões no meu Saara.
Poesias, canções, trocadilhos, piadas.
Tinha beijo e era muito noite.
Era quase tarde.
Memórias, encantos, saudades.
Embora pareça finito o que nem sequer chegou a ser realidade,
mesmo assim,
meu quase amor,
vou te esquecendo de má vontade.

(Verão apressado de 2009vembro)

Delícia retórica

— Que peito macio!
— São teus lábios.

Provocação

Na intenção de acender o vulcão,
procuro suas lavas.
Procuro onde provocar dentro delas
a deliciosa combustão.
Mas, o que quer a pequena menina?
Pergunta a tarde que a tudo assiste cintilante.

Quero acordar o gigante,
despertar labaredas,
provocar o poeta,
chamá-lo à consciência
revolucionária da própria força,
insuflar nele a paixão...
Quero o fogo,
a ardente chama da emoção.
Futuco então suas lavas.
Quero acordar o vulcão.

(Outono ardente)

Chispa

Sai daqui com este olhar,
esta boca que eu adoro,
esses risos lindos leves,
essa cara incrível de Cecília Meireles,
essa espécie de poesia
que há nos seus contornos breves.

Sai daqui com sua poesia que ainda se atreve a atrair meu coração.
Vai embora com seu beijo,
o vulcânico tesão.
Faz muito tempo que não te vejo,
deixa em paz meu coração!
Vai embora com seu desejo,
sai daqui com esta canção,
seu oráculo, o velho realejo.
Aproveita o ensejo,
recolha o fogo, o cortejo
e leva daqui os enredos dessa incrível paixão.

Faz tempo que não te vejo,
e foi ontem o princípio da ilusão.

Carta sensação

Você me amaria de tarde
numa tarde como esta?
Assim na hora da sesta
me amaria com fervor,
me abraçava por trás numa hora como esta?
Você chegaria neste vento
como uma sorrateira
inesperada estação?
Me agasalharia estrada afora
no meio do inverno
fazendo em mim noite de verão?
Responde, luar de agosto:
você me beijaria o rosto
nesta noite fria
e nela me diria eu te amo,
esquentando minha mão
entre as suas?
Me conduziria pelas ruas da cidade
ao bairro da possibilidade
onde faremos a revolução?

As perguntas têm dois gumes
e talvez desfilem em vão.
Uma ponta indaga,
a outra quer solução,
uma lâmina fala
a outra não quer mais nada não.

Por um lado pergunta,
do outro quer apenas das palavras
a real sensação.
Sabe que o que chamamos
de fala vem revestido
de uma fina camada de ilusão.

Fecho os olhos,
sinto sua resposta
percorrer meu corpo
em forma de mão.

Socorro

Não posso ver teu nome escrito.
Futuca meu peito,
materializa-se um apito anunciando pra geral que eu ainda te amo.
Teu nome acende em mim
um susto, um grito, um espanto.
Tudo com a força de um impacto, mas pro lado bom.
Teu nome incendeia meus sentidos,
enche meu desejo de alegria.
O nome aparece portando o homem,
símbolo, linguagem, alegoria!

Não posso ver teu nome escrito.
Cutuca meu coração,
me derrete em poesia.
Acabam-se as guerras
tudo soa como uma grande canção,
um louvor à alegria.

Já falei.
Está dito:
não dou conta de ver teu nome escrito.

Carta no decote

Vítor voltou a me escrever!
Hoje recebi mais uma de suas cartas,
sempre escritas durante as manhãs.
Estavam lá, como ele mesmo prometera na véspera.
São cenas escritas, descritas de nosso amor,
tecidas sob a mais alta combustão da lucidez.
Vítor escreve embriagado de uma realidade apaixonante
e tão palpável que parece delírio.
Descreve o nosso amor em detalhes e de modo tão íntimo,
que nem posso contar aqui.
Ele escreve o sentimento de um homem.
O mundo todo tilinta e cintila quando o acontecimento
emocional é a letra de um homem para uma mulher!
A letra masculina dedicada a ela.
Ô, meu São Benedito,
a Terra muda seu giro diante dessa confissão!
Nos converte a uma outra sensibilidade.
Trata-se da subjetividade daquele que mete,
e muda a manobra de Eva.

Ai, ai... o pensamento romântico masculino me deixa muito
                                        [molinha,
Chapeuzinho acreditando nas palavras lindas,
nas instruções do lobo.

42

Nada disso.

Não há lobo nem garotinhas perdidas em florestas.

Há, sim, o parque dos namorados se estabelecendo no meu peito.

Iluminando a cena.

Eu, com a carta dele impressa na mão,

guardo-a entre os seios.

Fala mais, meu amante!

Grita seu macaco pensante,

prega em mim a palavra fecunda!

Sou tua, está posto.

Fala mais, quero ouvir a voz de teus belos olhos,

o som de tua mirada, aqui,

quero aqui.

Assim, rente ao cangote,

ao pé do meu ouvido.

Fala. Enche o meu decote!

Esparrama sua narrativa sobre o nosso combinado.

Vem, são palavras queimando, ardendo no tacho.

Ler-te faz esquentar meu ventre.

Ai, que o verbo é macho!

(Lagoa do segredo, 8 de junho)

Na boca da palavra

Abri a carta do Vítor com pressa,
ânsia, quase aflição.
Rasguei o envelope afoita como
se o remetente estivesse ao vivo ali,
prestes a me abraçar, a me envolver
gostoso com sua letra bem traçada,
a me ter com ela.
E estava.
A caligrafia bela dele
me leva às cordilheiras mais sagradas
encoberta pela mais densa névoa
pra ninguém saber.
Li.
Fiquei tão feliz, tão alterada de sensações,
que tudo ficou tonto,
muito parecido com o passar mal.
Não era. Era o contrário,
Era o bem de Vítor em mim, suas palavras de amor
dispostas em ato, compostas em um gesto inteiro,
em verbo doce e duro pra calar minha fome.
Sim.
De longe,
é com palavras que Vítor me come.

Página

Nasceu diante de mim sua presença,
seu texto que eu adoro,
o sotaque carinhoso que eu amo,
tua voz de encantamento
o timbre que chama minha fêmea,
agita meu compasso
teu cheiro que só você tem.
Tão gostoso, o toque,
a pele, o contato.
Você dentro de mim,
o maravilhoso fato,
o criativo jeito,
o divertido charmoso estilo
passo a passo.
Chegou, realizou a história
como se fosse o esperado,
um destino, uma sorte,
o encontro marcado.

Agora, olha eu aqui atordoada,
envolvida numa história bizarra,
sem saber como sair dela,
sem saber direito como nela entrei.

Sonhei!?
Não, pior: eu te inventei.

Carta no chão

Era como se fosse abismo,
cada vez que mais no fundo
você me tocava.
Era como se fosse lirismo
cada vez que mais a fundo
você me amava.
Deitei costas e ombros no seu peito,
álibis e armas depositei sobre os escombros
da saudade ali se debatendo,
embora longe ainda de estar morta.
Com cuidado e com o pé
encostei a porta da entrada.
Foi com a palavra do olhar e quase louca
que abri a outra.

A coisa

Preciso ir onde está a lua.
Se ficar em casa vou fazer besteira.
As mídias estão à mão.
Posso tudo, há tantos modos de te acessar
que temo a mim mesma.
Estará tudo vigiado?
Todas as fronteiras, espaços aéreos e marítimos?
Tudo controlado? Todos os atalhos?
Os detalhes, as beiras líricas dos precipícios?
Não sei. Quero calar o meu hospício.
Se ficar em casa vou acabar fazendo asneira.
Posso telefonar, camicase, suicida,
mulher-bomba explodindo tudo, a inconsequente.
Posso não resistir esta noite à fúria da saudade
Posso querer gritar seu nome agora pela cidade
para além das vergonhas, acima da vaidade.
Gritar seu nome alto, bem alto,
a esta hora da noite para toda a rua.

Capetas me testam.
Preciso ir onde está a lua.

(Lua cheia noite de maio ardente)

II

Carta declarada

"Onde estiver o seu coração aí está o seu tesouro."

Juarez Nogueira, *Ninauá (O índio)*

"Por mais que longe pareça,
ides na minha lembrança,
ides na minha cabeça,
valeis a minha Esperança."

Cecília Meireles

Carta declarada

Num átimo já é janeiro de 2007.
Passa a boiada.
Escrevo em homenagem à vida, em louvor à
querida vida e aos seus ensinamentos!
Escrevo à vida e seus movimentos,
sua gira que não cessa de mexer,
que não para de virar.
É uma roda:
a gente leva a vida enquanto deixa ela levar.
E assim:
como um barco apaixonado por sua vela,
como uma vela enamorada do vento,
como um vento emocionado do seu ar,
como um ar mancomunado com o universo,
como um universo coroado de galáxias,
como galáxias devotas da lua,
como uma lua, mulher luminosa do astro rei,
te venero, vida!
E em seu nome bordo letras,
prolifero boas-novas nos cadernos,
nos infernos e nos escarcéus da alma humana.
Vida minha, soberana,
senhora doidivanas.
Vida-céu,
verso eterno,
menestrel.

(1º de janeiro de 2007)

Ao pai do fruto

a Zanandré Avancini

Porque me escreveste
as primeiras belas cartas de amor,
meu amor escritor,
porque me deste o primeiro voo,
a primeira cópula,
a primeira adulta vida,
porque me deste palavras novas,
pensamentos raros,
Mautner, Ravel, Bidu Sayão, Carmina Burana.
Pelos sons inimagináveis,
risadas, ervas, saídas,
tudo coisa de quem ama.
Porque me deste passeios à beira de bucólicos rios,
quintais, vilas e varandas
e a primeira casa de eu crescida
e muito tesão movendo a cama,
porque me deste o tesouro
do amor-amor e do amor-amigo nesta vida,
por teres sido cúmplice do meu sonho mais antigo,
pelo que de mim fizeste,
toda a minha gratidão merece,
pois me fizeste milionária
pelo filho que me deste.

O filme original

a Juliano Gomes

O que amanhecera soberano
era o céu de um azul tão perene e indubitável,
que já anunciava o que a iluminada tarde traria.
Mas ainda não se sabia.
Esperava-se o luminoso acontecimento para um mês depois
[daquele dia.
Não se havia lido o sinal de que se anteciparia.
O que se chamava manhã atendia por um celeste tão divino que
[havia quem apostasse que era de vidro
a fina camada anil sem sombra de nuvens que nos cobria.
A boniteza quente dos janeiros deixou que sua estrela nos
[apontasse o caminho da praia das conchas, entre altas pedras,
onde como um peixe ou sereia, fui me recriar.

A barriga imensa e marrom contra o fundo turquesa e a luz solar
[eram parte de fora do planeta ventre, a epiderme castanha,
[cor de barro e cobre
onde o menino, deus e gente,
já se despedia de morar.
Na água clara brilhava a pele prata dos peixes
e o pai vibrava ao pescar.
Contemplação. Voos de aves, cantos sutis e breves dos colibris.
A calma.
Chega então a tarde quieta.

O silêncio que a tarde arquiteta entre matos, ventos, grilos, ondas,
        [envolveu tudo em perspectivas, o plano sequência da
        [lírica das formas a brindar as esferas,
e tudo saiu na foto:
em primeiro, a cabeça inspirada da fêmea completa,
em segundo o peito túrgido,
em terceiro o ventre fúlgido,
em depois a montanha imensa emergida do mar,
garantindo a firmeza das quimeras
para quem nasceria de e para o reino do sonhar.
Maravilhosa paisagem.
A mãe recebia os raios do astro rei deitada sobre a pedra
com seus riscos de cinzas e purpurinas minerais.
De volta à casa, depois da praia, com amigos
no jardim de girassóis, a alegria reinava e cobria a horta de hortelãs
continuada pelo quintal de inhames e aipins.
Raízes capixabas reverberavam ali naquela hora magna.
A tarde,
joia consagrada aos inocentes, apesar de sua brandura,
começara a alternar-se em espasmos no corpo materno,
cada vez mais frequentes.
Mesmo assim cozinhava feliz entre cólicas e apreensões naturais;
Piadas, deliciosas gargalhadas geniais, brilhavam naquelas
        [brincadeiras palavras que nunca sairiam dos nossos
animados festivais: festas, conversas, trocadilhos, música
tudo era já o trilho no qual andaria
aquela vida nova que nos deu a honra de recebê-la na beira do
                                    [mundo.

Vai chegando um doce poente,
laranja é a cor do firmamento incandescente.
A mãe deixa com os peixes no fogão a frigideira quente,

e corre com o pai e cúmplices para o leito onde logo logo
chegaria o menino.
Lindo.
Foram só três ímpetos finais,
três impulsos corajosos,
força dele e minha pro mesmo começo.
Queria nascer.
Queria ver as coisas aqui.
Queria viver o pequeno curumim,
com cabeça de faraó e olho azulin.
Há um Egito aqui, considerei.
Também nasci ali.
Se doeu esqueci.
Chupava os dedos ávidos.
Tinha fome.
O pai flutuava.
A família sagrada pulsava repleta.
A noite de um sábado estrelado me deu o legado de poder ouvir
                                        [até o som perto,
de uma folha longe a cair na cidade, lá no asfalto,
lá na outra rua,
lá do outro lado,
tamanha a educação de sentidos
que a experiência fizera em mim!
O nome é parto
mas foi aí que cheguei.
Nunca mais fui a mesma.
Nunca mais.
Nunca mais meu verso viveu
sem esta riqueza.
E o mundo, por causa de sua presença,
ganhou foi mais beleza.

Acordo na nova manhã.
Trinta e dois anos depois,
amanheço na lembrança rica
deste dia de glória.
Salvai-me em palavras,
ó doce fina película da memória.
Penso: vou fazer este poema para o meu filho,
vou escrever o filme da história.

Geo-buquê

a Geovana Pires

Se resolvesse colher flores,
as mais bonitas que se pudesse
em jardim encontrar,
corresse eu o mundo para esse
Geo-buquê organizar, não ia dar, amiga.
Centenas de espécie eu encontrasse,
seria pouco pra dizer de sua valentia,
de sua alegria, de sua alquimia pra ser
fundamental no meu altar.
A gratidão pulsa as prateleiras,
inquieta as velas, tremula as chamas.
Você é uma amiga que tem a dimensão de um verso:
não foge à luta, não frustra o verbo.
Busquei um buquê pra te dar.
Não encontrei um à altura de te merecer.
Fiz o que pude e, diante do ser,
vi que o buquê era inencontrável,
porque ele é você.

(Rio de Janeiro, 24 de janeiro de 2007)

Uma vitória

a Beth Carvalho

Todos os medos foram ter comigo àquela hora.
Eu tinha 500 anos de história mas era uma menina.
Beth Carvalho parou o samba do instrumento
para deixar só a poesia dele
e seu batuque de coração
na minha mão.
Quarenta mil pessoas
derretidas pelo som de raiz e rainha
e eu sozinha para levar a festa,
sem acabar com ela.
Tinha que fazer alma sambar sem tambor
(meu Deus, que maravilha!
meu Deus, que horror!
meu Deus, e se eu me esquecer?
meu Deus, e se eu morrer?
E essa multidão, feita de povo
que não para de se parecer com onda,
com viagem de LSD!
Meu Deus, por que eu não paro de tremer?)
Reflexões inconvenientes me atropelavam
posseiras do assoalho da razão
e eu sem concentração
dei de comer pedaços de versos
mas não da emoção.
Como uma Yemanjá do 3º milênio

minha madrinha me mantinha
firme em olhar de convicção,
mesmo vendo o microfone tremendo na minha mão.
Ela era deusa,
certeza,
anjo de guarda e pastor alemão.
Saí do palco ovacionada
o peito querendo explodir,
não há sucesso, não há nada,
se a mãe da gente não aplaudir.
Minha terra me aclamava,
o Espírito Santo me amava,
caí no chão do camarim,
de muita emoção eu chorava.
O Brasil sem saber, inaugurava
o rebolado da poesia no sapatinho do povão.

O povo ama coisa boa
O povo gosta do saber
O povo gosta de comunicação
O povo não quer não entender
O povo quer consideração.

(Festa de São Pedro na Enseada do Suá,
27 de junho de 1999. Vitória, Espírito Santo)

Vigília da palavra

a Mauro Salles

Escrevo este poema
para meu amigo ficar bom.
Escrevo este poema
como quem bate um tambor,
como quem recolhe hóstias,
como quem flore o mar,
como quem tateia no quarto escuro
as contas de um terço,
os cristais da fé, pra não desesperar.
Escrevo este poema
pra ver se a Mãe Natureza escuta meus argumentos.
Escrevo estes versos pra ver se ela ilumina seus médicos,
pra ver se te salvam logo
estas ervas em forma de medicamentos.
Escrevo varando a madrugada,
almejando alcançar seu pensamento,
querendo uma palavra alegre sua,
suas brilhantes ideias, sua generosidade
vibrando na terra
que é ainda e por muito tempo será
o seu lugar.
Meu amigo,
minha raridade,
meu brasileiro tão necessário,
barro tão difícil de se encontrar,

Se escrevo este poema é pra você melhorar!
Meu Deus sabe que esta é minha novena,
conhece as minhas cenas,
meu jeito de pregar os joelhos na caneta da página e orar.
Grito este poema pra você acordar são,
bom como é da sua essência,
lúcido como viveu e viverá.
(Seja o que for isto que te atacou,
errou de alvo o malfeitor.)
Escrevo este poema para eu não chorar.
Rezo este poema pedindo a Deus pra não ter pressa
e te deixar inteiro por muito tempo ao nosso lado a iluminar.
Oro este poema porque conheço o esquema,
sei que um poema pode salvar.

(18 de janeiro de 2007.
Da série "Amar os Salles")

Amigas de pé

a Dalila, de Moçambique

As sandálias de Dalila dão delicadeza
aos meus passos e doçura aos meus pés.
Fazia calor na África.
Mesmo o vento que dobrava
os coqueiros era quente.
Alta, imponente, senhora cuidadosa das plantas
e de tudo de afetuoso que havia na pousada Nagadass,
Dalila ofereceu-me água de lanho,
que é o mesmo que coco,
veio servido no seu bojo mesmo,
só que pelado e descascado, despido de seu manto verde.
Com sede, lamentei alto, dentro dos meus pensamentos abafados:
Ah... que pena, achei que ficaríamos nessa aldeia
só um dia e só trouxe o tênis!
Os pés de Dalila imediatizaram-se
descalçando as finas, rústicas sandálias,
ao pé rente das minhas palavras.
— São vossas, se queres.
— Não, querida, e tu, ficarás descalça?
— Pois que já estou a partir, já estou a ponto de pôr os sapatos,
                                        [pode usá-las.
— Agradecida, eu disse.

Vesti as sandálias de Dalila após o banho,
elas deram muita elegância aos meus passos pelas ruas de
    [Quelimane, deram ainda mais dignidade ao caminho ali,

na capital da Zambézia.
As sandálias de Dalila ofereceram-me muito cuidado aos passos.
Nunca mais esquecerei Dalila, minha Dalila, que eu talvez não
[volte a ver.
A qualidade daquele gesto dela na tarde foi um laço.
Aquilo de vestir meus pés foi uma espécie rara de abraço.

(Zambézia, 2003)

Cajueiro, cajueiro

Eu passo a vida recordando, de tudo quanto aí deixei, cajueiro
[cajueiro

Ó meu velho cajueiro
direi aos meus companheiros
que era você o guardião da casa
o dia inteiro há muitos anos.

Falarei das cestas,
de dúzias de seus frutos
que pela vila distribuímos.
Falarei do quanto sob vossas copas
sonhamos e rimos.

Sem contar os natais,
aqueles jantares lindos
sob as luzes do pisca-pisca vindo da cidade
entrelaçado à árvore da felicidade.

Vou citar também a coisa mais divina de todas as suas circunstâncias,
"ó velho guardião de nós,
é que em seus troncos brincaram muita infância
de toda idade: de criancinhas de colo a verdadeiros tarzans, "reis.
[das selfies"

O quintal será outro sem ti.
Mas já temos aqui um herdeiro seu
plantado pelo vento, lá perto do muro,
cintilando pra sempre sua presença no futuro

Porque suas raízes
se embrenharam muito perto da casa
foi preciso que as cortássemos!
Corta o meu coração escrever essa dura verdade.
Mas ao mesmo tempo
nessa sua idade, faz sentido a sua despedida.
Mais de cem anos de vida,
talvez a hora da reciclagem.

A vida dos quintais e dos jardins
é uma ciranda eterna de sementes e aragens.
A fofoca corre no terreiro,
trazendo boa mensagem:
ouvi dizer que em seu lugar, amigo cajueiro,
virá uma fêmea árvore,
muito brasileira,
uma mangueira!

Não mais choro.
Assim, reveza-se o mesmo solo,
mais uma lição da natureza:
a misteriosa, linda, fartura,
da própria beleza.

(25 de junho de 2015, Itaúnas)

Árvore Canô

a dona Canô

Chove na Bahia.
É noite e os ventos nos coqueiros do meu pensamento
me levam ao colo de teu setembro.
Pulo semanas e voo para o teu dia,
para o luminoso dia da Árvore,
o teu dia verdadeiro.
Vou para a festa de uma nova primavera,
da única legítima primavera.
A árvore frondosa centenária comemora
e reverbera trinta e seis mil e quinhentas manhãs,
honrando a manada dos dias,
toca a harpa de tua esfera,
é ela a própria terra e gira miúda e grandiosa.

Ó formosa,
aos belos de tua raça,
às joias de tua estirpe,
aos herdeiros da nobreza de tua linhagem,
vim pedir-te emprestada,
ó mãe,
para que só por hoje sejas minha guia, minha rainha
e me recebas como filha.

Chove na Bahia.
É noite e os ventos dos teus festejos
me levam ao segredo do teu fundamento,

me levam à tua festa cívica como a um
símbolo de uma pátria decente.
Eu brasileira me confesso pertencente
à beleza rara de teu planeta ventre.

Está vento frio na Bahia,
quero o direito ao teu ninho.
Sou menina e sou menino
e prometo ficar quietinho,
sem nem te incomodar.
Para te agradar,
trouxe estes versos feitos na hora de eu me deitar.
Para te adorar,
trouxe o amor que tenho pelos teus frutos,
ó jabuticabeira,
ó goiabeira,
ó frutífera,
ó companheira de todos nas mais difíceis horas.

Ó sábia senhora,
derrama tua voz nas procissões das ruas de terra de minha alma,
pisa nelas com teus pés de caminhos lindos,
para que o barro alcance o sagrado,
para que o barro atinja o divino.

(Inverno baiano Salvador,)
quase primavera de 2007)

A morte dos necessários

a Moacir Tabasnik

Perdemos um homem,
foi como se a voz de meu filho que me deu a notícia achando que
[eu já soubesse, gritasse:
Perdemos um homem do qual o mundo necessita.
Chorei como uma porrada no peito.
A pata dianteira do elefante,
a mais pesada,
arrancava um pouco do meu chão,
trazia na sola a capa da minha pele,
uma fatia da minha carne,
enquanto avançava para aquela verdade:
morreu Moacir Tabasnik.
Se pudesse eu devolveria para a boca a verdade este fato
e pediria a ela que não o regurgitasse,
exigiria que a realidade jamais cuspisse este doloroso acontecimento.
Mas sou apenas uma criatura
e essas coisas não são do meu departamento.
Era daqueles médicos,
um homem monumento,
cuidava do humano inteiro, estudava seu pensamento,
entendia o movimento otorrinolaringologista da vida!
Conhecia o vale das palavras,
os corredores das canções.
Tinha tanta atenção à vida,
ao que realmente vale,

que sua arte curativa foi muitas vezes chamada de milagre.
Filmou minha garganta, viu minha faringe fazendo striptease.
Era o doutor responsável pelo grito, a secreção,
os suspiros, a respiração, a inspiração, os estilos,
o homem das bocas, dos olfatos, dos sentidos.
Fiquei perdida.
Perder esse homem assim,
um homem que eu sei que por três vezes venceu a partida
contra aquela especialista em tirar a vida.
Na primeira, quando o primeiro enfarte chegara,
a carne estava vinte quilos mais magra,
portanto o coração encontrara área possível
para irrigar e sobreviver ao mesmo tempo.
Estava um homem saudável.
Depois no segundo infarto,
alguma cúmplice da morte que hoje viera,
se incumbira de deixar só um pedaço
do planeta coronário a funcionar.
Uma engenharia da ciência
a fazer uma curva possível na impossibilidade.
Feito.
Estava o homem de pé de novo
com sua coleção de elefantes do mundo inteiro
trazida por ele e pacientes amorosos.

Queria falar com ele.
Queria consulta semana que vem,
mas aqui, nesta Terra.
Merda.
É o teatro que acabou,
o mundo não vai desfrutar mais do espetáculo do homem
                                            [Tabasnik.

69

Este teatro acabou.
O que reverberará são as cenas deixadas feitas,
as consequências dos seus atos,
sua responsabilidade científica e humaníssima sobre nós,
seus órfãos pacientes de agora.
A morte deveria ter consultado o mundo.
Não concordaríamos.
Faz falta gente que se importa com a humanidade.
É uma desproteção pra ela.
É mais um homem da paz que perdemos
e a guerra ganha.
A voz continua marcando com força a estrada de terra do meu
[coração.
Mas queria aqui, nesta terra.
As unhas dos pés da voz agarradas ao meu peito, gritando:
perdemos um homem!

No meio da banda

a Pedro Luis

Eu desejei uma chuva de luzes pra te abraçar,
criei sóis e dilúvios pra que te esqueças dessa dor.

Olha, meu amor, o mundo dói só numa banda,
do outro lado é samba,
do outro lado é samba.

Eu desejei um jardim de vaga-lumes pra te iluminar,
criei novos costumes pra que não te percas neste teu chorar.

Olha, meu amor, o mundo dói só numa banda,
do outro lado é samba,
do outro lado é samba.

Eu desejei um pandeiro e um violão pra você tocar,
criei um soneto, um poema, uma canção pra você cantar.

Olha, meu amor, a vida dói só numa parte.
do outro lado é arte,
do outro lado é arte.

Eu desejei um par de palavras pra te agasalhar,
criei peão de menino, uma rede, uma corda pra você brincar.

Olha, meu amor, o mundo dói só numa banda
do outro lado é samba,
do outro lado é samba.
Olha, meu amor, a vida dói só numa parte,
do outro lado é arte,
e eu vim te buscar.

Rock do Pascoal

a Pascoal Cianci

Meu amigo Pascoal tem um romance no lugar do coração.
Pulsa sangue,
pulsa tango,
pulsa chocolate,
pulsa, meu irmão!
Ninguém é igual a meu amigo Pascoal.
Está apaixonado por todas as mulheres,
mas está em busca da madre dos seus filhos.
Pode ser esta aqui.
A madre pode estar em Madri.

Meu amigo Pascoal
tem um pandeiro no lugar do coração.
Pulsa teclado,
pulsa violão,
pulsa atabaque,
pulsa, meu irmão.
Ninguém é igual a meu amigo Pascoal.

Está emocionado por todas as vedetes
mas está em busca da sua diva.
Pode ser você, querida.
A diva pode estar na vida.

Pulsa tamborim,
pulsa baixo,
pulsa atabaque,
pulsa sangue,
pulsa chocolate,
pulsa, meu irmão.

(18 de agosto de 2000,
verão em Granoillers/Barcelona)

Putaquepariu!

a Roberto Samico

Desculpe, Deus, mas hoje o mundo empobreceu.
Abriu-se um buraco profundo: Roberto Samico morreu!
Não sabe a dimensão da trágica notícia
quem não o conheceu.
Livre, apaixonado pela vida e praticante desta paixão.
Um homem raro,
igual a ninguém e, único,
era extremamente parecido com ele mesmo.
Cuidava com dedicação da beleza de seus semelhantes
e desse modo melhorava a vida do mundo inteiro.
Sincero, forte, inteligente, divertido cidadão brasileiro; sensível,
        [espirituoso, rápido no gatilho das percepções e, por isso,
        [desarmado e perigoso.
Gostava da festa, de gente, de gozo.
Por onde passou, riu, irreverenciou, brincou,
pessoas e lugares enriqueceu.
Deixou lágrimas de saudade na nossa cara
e a melhor lição: viveu!

Amor, Amir

a Amir Haddad

Amor a dar-te
amor por mim
amor por ti
tu me causaste.
Os atores em autores
transformaste.
Amor, Amir,
quando brincamos
quando blasfemamos
contra o que quer que nos imperialize.
Amor, Amir,
quando nos permitimos
os duelos
os chinelos
os matizes.
Amor, Amir,
salve sua língua, sua palavra quente,
sua clareza gramatical,
seu discurso ardente,
nossa sacanagem,
nossos finos trocadilhos!
Salve seu desfilar de conteúdos
nos palácios, nas avenidas
nas praças, nas vielas
e sob marquises, salve!

Rei, Galileu, Bobo da corte, sábio dos antigos,
arauto de um tempo eterno e novo,
de um tempo vivo,
de um tempo de rua,
de um tempo povo.
Não mestre apenas,
além de ator e diretor, é médico de cena!
Possui um super visor,
diagnosticador de desinterlúdios,
achador de perdidas narrativas,
iluminador das partidas dos jogos teatrais
mais sofisticados e mais banais.
Ai, ai,
Amor, Amir,
nada mais!

(Inverno de 2 de julho de 2010)

Negra claridade

a Taís do Espírito Santo

Os passarinhos cantavam muito,
se era de noite manhã ou tarde
isso não sei dizer ao certo,
mas pela passarada no tom correto e afinado
que ao escrever ainda ouço agora
acho que foi mesmo na aurora.
Nesta sagrada hora soprou no evento
o vento da amizade,
o tempo da honestidade,
a chuva fina da delicadeza,
a nuvem acolhedora da fraternidade
e o céu da beleza!
Tudo derramou sobre a cena
suas grandezas e qualidades sem nome:
A alegria, o sorriso, a inteligência,
a meninice brejeira entre brincos e pulseiras.
A festa dos orixás garantiu a sabedoria
e a fortaleza sobre a nova vida.
A manhã nova eu vejo despontando clara
e no meio dela brotara
a florzinha achocolatada.
Os olhinhos vivos, o simpático nariz,
a boca muito bem desenhada.
Nascia aquela menina pretinha,
nasceu Taís num dia límpido de junho
na matinê iluminada brilhava
a princesinha preta, filha da alvorada!

A vida só é possível reinventada

a Mônica Patricia

Foi pequenininha,
menina meiga, bonitinha mesmo, engraçadinha,
daquelas de não se esquecer.
Os cabelos cacheados
os olhinhos doces, gateados,
a sensibilidade das perguntas
cheias de porquês.
Agora ando pela cidade,
te vejo entrando na nova idade
e pergunto por aquela menina, cadê?
A resposta vem em cima
em boa hora de rima,
não uma hora qualquer,
explicando que aquela menina
mora dentro desta mulher.
Há um quintal particular
dentro de cada ser,
onde vivem nossas fases,
nossas frases, nossas ruas,
novas luas, novas linguagens
nossas lutas e novos combates.
Tudo é passageiro.
Até os medos.
Passagens deixam marcas grifadas
pela professora dona Vida,

escola que nunca fecha.
Hoje não há mais aquele lobo
nem é a mesma a chapeuzinho
que vai cantando pela floresta.
Hoje são novos os caminhos,
nova vida que começa.
E não parar de crescer
é o verdadeiro nome da festa.

(29 de junho estrelado de 2014)

Poesia Prana

a Carlos Malta

Estou chegada em Itaúnas,
meu reino confeitado de areia retumbante.
Estou encantada, assentada
sobre esse mundo nobre que é também errante.
Malta sopra sua surpreendente viagem,
melodia hospedeira de tantas diversas paragens,
tantas vilas, tantos mares, tribos, bares,
respirações, sopros, suspiros, paisagens.
Eu escrevo as palavras daqueles dós,
daqueles lás, daqueles mis.
Habito de rente e de frente um quintal natural
com os seus colibris, seus canários, sabiás, bem-te-vis,
bichinhos que cantam e brigam entre si.
— Por que brigam? Perguntei a Bartolomeu;
qual o motivo desta guerrinha de asas?
— É por causa de muié, respondeu o jardineiro fié,
pensador do que envolve a casa.
Estou chegada ao reino de Itaúnas.
Me recebem um ar de coqueiros na retaguarda do terreno,
os cachorros tranquilos, latidos serenos.
Meu quarto em cima da escadinha de madeira
com saudade do meu sono nele,
meu canto moreno
me oferecendo
um dormir ameno.

Meu quarto pulsa me querendo.
Mais tarde quando a barulheira dos acordados acabar,
ouvir-se-á na noite o som do mar.
Agora é Carlos quem toca para Oxóssi, Capadócia e Iemanjá,
a controversa flauta das doçuras sem explicação.
É dela a repercussão dos tambores no meu peito de bambu.
Eu ouvi tambor no disco de sopro, eu juro!
Não me enganei, não inventei,
nem foi a maconha que eu fumei.
Já falei, essas dunas têm parte com o mistério, eu te disse.
São as Terras do Império,
onde a lua é a pimenta do meu reino,
onde tenho o céu como limite,
banhos de rio nas águas de Oxum e Afrodite,
estrelas hirtas e cadentes sobre o mar de espuma branca,
sempre às ordens das caravanas do Vento, o Saci deste lugar,
revolucionário orixá deste firmamento.
Ô, meu Deus, a garantia diária do teu raio de sol,
um só raio de sol sobre a minha cabeça para mim bastava.
Prossegue o mistério do qual falava.
Neste momento ouço o som que me palavra.

(Noite nova, 27 de dezembro de 2013)

O nome do rio

a Djavan

Em suas águas conheço muita gente que quer se banhar.
Pudera, o rio romântico que ele é
deixa todo mato encantado.
Faz flor que dava só no campo
pensar em dar no cerrado.
Faz pedra que só rolava na estrada,
cismar de viver nos seus lados.
Faz criança rodear suas margens,
como se assim formasse uma tribo,
um só rio moreno menino índio,
com olhar e luar de nativo.
Conheço gente que quer ir contigo;
Conheço gente que, em sua correnteza quente,
quer ser barco,
viagem, canoa, semente.
Muita gente se vê na sua palavra,
no espelho da canção de sua fala.
Muito coração, quando canta o que este rio murmura,
sonha, delira, se encontra nas imagens daquelas figuras.
O rio é bom como um amigo íntimo e misterioso,
como uma embarcação certa e sem pouso.
Rio bem quentinho como um abraço num dia frio
vindo de um amor guardado num agasalho azul de lã.
Ah, o nome deste rio
é Djavan.

(Itaúnas, 20 de março de 2007)

A velha angústia

a Gabriel

Era um menino ainda,
mas acordara assim no fim da tarde:
triste, assustado, lágrimas profundas brotavam; chorava.
Terá sonhado o mau sonho?
Colo, conselhos, afagos, beijos,
palavras, perguntas... chorava.
Nada acalentava, nada passava o lundum, o banzo,
sabe-se lá do quê,
vindo de um menino de três anos,
um anjinho humano do reino dos erês.
O que sentia?
Não era fome, dengo, manha, como se diria.
Não.
Era um calundun, uma aflição,
um breve mal-estar da civilização.
Uma angústia apertou o peito daquela criaturinha morena,
daquela criaturinha bronzeada de verão e pequena
fazendo doer por dentro esta dor do existir
sem que ela a soubesse traduzir.

Ô meu amor,
o que minha experiência lhe dirá?
Sei que é
muito cedo pra você compreender
o que até hoje ninguém sabe explicar.

"Eu quero ficar sozinho",
exigiu-me a gritar, o meu pequeno existencialista.
Sem responder e com cautela,
aconcheguei-o ao meu regaço e fui distraindo-o
com o próprio banco de imagens de sua vista
pousada no verde e no que de azul havia no céu sobre o quintal:
olha, curumim, os passarinhos sabem que a noite já vem vindo,
e estão voando correndo depressa para os seus ninhos.
— Aquele ali também vai ir?
— Sim, está indo, todo pretinho do bico amarelo, que bonitinho!

Sem saber por que,
e já quase esquecido do que sempre rondará o mistério emocional
[do homem,
que é da própria vida sempre peregrino,
voltado à inocência, enfim,
sorriu-me o pequeno menino.

(5 de dezembro de 2014)

85

Antes do amanhecer

a Aurora

Te escrevo, ó menina,
antes do teu primeiro choro,
anterior ao teu primeiro pensamento.
Sem conhecer o teu rosto,
imagino-te apenas,
nova habitante do novo mundo,
nova gente do tempo novo!
Preparamos o teu ninho, minha aurora!

Preparamos a porta do palácio mundo
varrendo as guerras,
lavando as mágoas,
desmanchando as manchas tristes do chão onde pisarás,
ó preciosa dama!

Escrevo por teu nome, Aurora,
este manto dourado que cobrirá tua identidade.

Escrevo sem conhecer ainda o teu rosto, antes do teu primeiro choro,
antes do império das vontades, antes de tua primeira idade.
Escrevo para que a cidade te aguarde com as honras
de quem é filha da poesia, da música e dos amantes da liberdade.
Recebe estas palavras,
ó princesa da melhor novidade.
São versos escritos na madrugada,

antes do galo cantar,
antes de romper a manhã.
São versos de agora,
saídos do meu coração,
antes do nascer da Aurora.

Carta pensada

a Ana Carolina

É noite alta no papel da madrugada em que penso estes versos:
nos conhecemos no nome de uma rua que é Estado para mim.
No galope da poeira da memória em preto e branco e carmim,
quem eu vejo me aplaudindo sorrindo pra mim?
Entre fumaça, amores e abraços
a moça da rua Espírito Santo,
num bar chamado Marrakech, ainda não tinha vinte anos.
Os cabelos, a voz corda de aço, um violão
e muitos planos que ela chamava de sonhos.
Eu declamava no pequeno palco de pouca luz e
ainda não tinha palavras em livrarias,
meu trote ainda se fazia
nas folhas soltas da independente poesia.
O distribuidor era o vento.
E aquela voz rasgaria o tempo.
E aquela voz romperia o cerco.
E aquela voz montaria o cavalo do talento
para fazer a travessia.
Um dia partiria, largaria Minas, mineiras meninas,
festinhas em Mar de Espanha.
Ela grita bate e apanha para chegar ao mar
que cabe num rio, onde de janeiro a janeiro não cansa de festejar.
Logo veio a glória, o Duque, seu pensamento na roda pra todo o
                                        [Brasil cantar.
O que dizer? A moça é foda, avança com sóis sustenidos,

fortalece os destemidos com suas notas de falar música no ar.
Agora ela toca no rádio, eu dentro da novela com ela a brilhar.
Nesta hora a menina da boca que brota sentimentos,
me escuta mais um momento e se enternece.
Agora, que vinte mais se passaram em momentos,
agora, que estamos pra cá do Marrakech, deixa estar.
Fecho a porta da memória,
mas a da história a gente não cansa de escancarar.
Meu verso nunca parou de escrever e gritar.
E a menina da rua do Espírito Santo nunca mais parou de cantar.

(Madrugada de 22 de janeiro de 2013)

Milionário do sonho

a Emicida

É o que eu digo e faço, não suponho: sou milionário do sonho!
É difícil, para um menino brasileiro, sem consideração da
                                    [sociedade,
crescer um homem inteiro, muito mais do que metade.
Fico olhando as ruas, as vielas que ligam meu futuro ao meu passado,
e vejo bem como driblei o errado,
até fazer taxista crer que posso ser mais digno do que um bandido
                                    [branco e becado.
Falo querendo entender, canto para espalhar o saber,
e fazer você perceber que há sempre um mundo, apesar de já
                                    [começado,
há sempre um mundo pra gente fazer, um mundo não acabado.
Filho nosso, com a nossa cara, o mundo que eu disponho agora foi
criado por mim, euzin, pobre curumim, rico, franzino e risonho,
sou milionário do sonho!

Ali vem um policial que já me viu na TV espalhar minha moral.
Veio se arrepender de ter me tratado mal.
Chegou pra mim, sem aquela cara de mau: *Fala, mano, abraça,*
                                    [*mano.*
Irmãos da comunidade, sonhadores e iguais,
sei do que estou falando:
há um véu entre as classes, entre as casas, entre os bancos.
Há um véu, uma cortina, um espanto que, para atravessar, só
                                    [rasgando.

Atravessando a parede, a invisível parede.
Apareço no palácio, na tela, na janela da celebridade, mas minha
[palavra não sou só eu,
minha palavra é a cidade!
Mundão redondo, Capão Redondo, coração redondo na ciranda da
[solidariedade.
A rua é nóis, cumpadi!
Quem vê só um lado do mundo, só sabe uma parte da verdade.
Inventando o que somos, minha mão no jogo eu ponho,
vivo do que componho, sou milionário do sonho!
Vou tirar onda, peguei no rabo da palavra e fui com ela,
peguei na cauda da estrela dela.
A palavra abre portas, cê tem noção?
É por isso que educação, você sabe, é a palavra-chave.
É como um homem nu todo vestido por dentro,
é como um soldado da paz, armado de pensamentos,
é como uma saída, um portal, um instrumento.
No tapete da palavra chego rápido, falado, proferido na velocidade
[do vento.
Escute meus argumentos:
São palavras de ouro, mas são palavras de rua. Fique atento.

Tendo um cabelo tão bom, cheio de cacho em movimento,
cheio de armação, emaranhado, crespura e bom comportamento,
grito bem alto sim: *qual foi o idiota que concluiu que meu cabelo*
[*é ruim?*
Qual foi o otário equivocado que decidiu estar errado o meu
[cabelo enrolado?
Ruim pra quê? Ruim pra quem?
Infeliz do povo que não sabe de onde vem.
Pequeno é o povo que não se ama,
o povo que tem a fortuna da grandeza na mistura:

o preto, o índio, o branco, a farra das culturas.
Pobre do povo que, sem estrutura, acaba crendo na loucura
de ter que ser outro para ser alguém.
Não vem que não tem.
Com a palavra eu bato, não apanho.
Escuta essa, neném, sou milionário do sonho!
Por isso eu digo e repito:
quem quiser ser bom juiz,
deve aprender com o preto Benedito.
O mundo ainda não está acostumado a ver o reinado
de quem mora do outro lado da ilusão.
A ilusão da felicidade tem quatro carros por cabeça
deixando o planeta sem capacidade de respirar à vontade.
A ilusão de que é mais vantagem cada casa mais carro que filho,
cada filho menos filho que carro.
Enquanto eu com meu faro, vou tirando onda,
vou na bike do meu verbo tirando sarro.
Minha nave é a palavra, é potente o meu veículo sem código de barra,
não tem etiqueta embora sua marca seja boa.
Minha alma é de boa marca, por isso não tem placa, tabuleta,
[inscrição.
Meu cavalo pega geral, é Pégasus, é genial,
a palavra tem mil cavalos quando eu falo.
Sou embaixador da rua, não esqueço os esquecidos e eles se lembram
[de mim,
sentem a lágrima escorrer da minha voz,
escutam a música da minha alma,
sabem que o que quero pra mim, quero pra todo o universo,
é esse o papo do meu verso.

Mas fique esperto porque sonho é planejamento, investimento, meta.
Tem que ter pensamento, estratégia, tática.

Eu digo que sou sonhador, mas sonhador na prática.
Tô ligado que a vida bate,
tô ligado quando ela dói,
Mas com a palavra me ergo e permaneço, *porque a rua é nois.*
Portanto, meu irmão, preste atenção no que vendem o rádio, o jornal,
[a televisão.
Você quer o vinho e eles encarecem a rolha.
Deixa de ser bolha e abra o olho pra situação.
A palavra é a escolha, escolha é a palavra, meu irmão!
Se liga: aqui são palavras de um homem preto, brasileiro,
cafuzo, versador, com um tambor de ideias pra disparar.
Pá pá pá pá pá
Não são palavras de otário, já te falei, escreve aí no seu diário:
se eu sou dono do mundo é porque é do sonho que eu sou milionário!

Carta declarada aos olhos da cara

Quem me dera que mais que isso
eu vos pudesse contar...
Quem me dera
que das janelas da alma
eu vos pudesse mostrar o que avistei:
o maravilhoso mundo inconsútil, a paisagem secular!

Quem me dera adiar meus compromissos
pra vos levantar a saia das realidades,
a lona do meu circo e vos revelar
os vastos campos onde brincam desde lá,
as meninas dos meus olhos,
os ideais, as aversões,
as versões do meu enxergar.
Livros que devorei e devoro,
guerras que presenciei,
lágrimas de sal que chorei e choro,
poemas que experimentei,
risos que dei,
beijos que roubei,
palavras que me calaram,
músicas que me desvendaram,
o baile onde fui dançar,
amores que me mataram,
desejos de me incendiar,
amigos da traição,

horrores corruptos,
crianças de luto, mares, rios, florestas
terra arrasada, devastação.
Eu vos entrego esta visão.
Os olhos veem de dentro tudo:
a árvore e seu fruto,
o sonho lutado
no caminho longo e curto,
a estrada do cego na escuridão.
Os doces beijos ardentes,
as noites quentes dos amantes,
o esplendor azul dos dias claros,
o prata cintilante dos nublados.
As dores, as cores.
Olhos abertos diamantes,
que trazem gravada ali
a história do homem errante,
feliz e inconstante:
céus estrelados de uma beleza de matar,
sóis nascentes,
laranjais poentes de arrasar,
chuvas leves, tempestades,
tragédias enchentes,
tudo trazem estas velhas lanternas
no acervo do meu olhar.
Desde a cara da mãe tão perto
a amamentar,
desde a primeira letra,
desde a primeira canção a batucar,
desde a primeira lua em céu aberto incandescente
a nos ninar.

Desde a primeira canção.
Desde a primeira luz,
olhos da cara, sou inocente.

É que os olhos só veem
o que o coração sente.

III

O náufrago

"Sofri em mim, comigo, as aspirações de todas as eras,
e comigo passearam, à beira ouvida do mar, os desassossegos
de todos os tempos. O que os homens quiseram e não fizeram,
o que mataram fazendo-o, o que as almas foram e ninguém
disse — de tudo isso se formou a alma sensível
com que passeei de noite à beira-mar."

Fernando Pessoa (Bernardo Soares)

A ilha

Na solidão da existência,
nado firme na batida das águas,
corpo revolto à mercê da decisão das ondas,
vou destilando coragem no desespero das braçadas.
É noite.
Ainda bem que os versos são claros,
me ancoram, me falam, me salvam,
me beijam na boca o beijo longo da salvação,
me devolvem o ar, a vida, a trilha.

O poema é para mim terra firme,
como é, para o náufrago, a ilha.

(Luar crescente, 13 de julho de 2008)

Frágil

Quem me dera essas palavras lágrimas
pudessem sair aqui e de uma vez.
Quem me dera eu pudesse explicar as contradições,
o disse me disse, a via crúcis e o talvez.

Não vive só de delírio o meu reino, senhora mãe!
Não é só de areia a estrutura de meu castelo!
Quem me dera essas palavras fossem meu rodo,
meu rastelo.
Com o primeiro, puxar a água do assoalho eu quero.
Com o segundo, varrer as folhas secas,
alcançar o lixo colorido das pétalas, eu espero,
à sombra clara das estrelas.

Quem me dera essas palavras lágrimas
viessem esclarecer as besteiras,
quem me dera eu pudesse explicar os mistérios, os erros,
o sem limites, o Taravela Brucce, os medos.

Não chora só de ilusão o meu coração, senhora mãe!
Não é só de mágoa a tessitura de meu pranto!
Quem me dera essas lâminas lágrimas pudessem ser
as que retirassem palavras de meus cantos,
ostras das rochas, pérolas das conchas.

Não dói o meu peito só de desamor ou remorso,
e o soluço me deixa tonto.
Estou num ponto em que,
se alguém me abraçar, senhora mãe,
eu desmonto!

(Outono, dois mil e dez)

Estrela minha

Estrela minha,
nem digo o que farei por ti,
se me conduzires hoje à moda antiga
ao bairro onde plantei meus sonhos mais rudimentares.
Ó estrela minha,
me alce aos lugares,
me alcance os patamares memoriais,
onde meu pai assobiava ao ir para o trabalho e minha mãe,
costurando nossos uniformes,
sonhava com um argumento que o convencesse
a deixá-la usar calça comprida,
como bradavam as bandeiras das mulheres de sua época.

Estrela mágica e minha,
em nome de nossa intimidade,
me retorne aos altares
onde eu ainda não farejava as sacras hipocrisias.
Quero ver,
quero me ver
de vestidinho verde-claro,
quero ter aquela espécie de clareza que eu tinha quando me
                                        [vestiam com
os elefantinhos daquele estampado.

Tende piedade de mim, estrela minha,
e me concedei esta prenda.
Cheguei de viagem,

não encontrei o amor,
os filhos dele estavam crescidos e esquecidos de mim.
É fria a casa, estala como estalagem.
Dai-me, estrela, a rápida ilusão, o remédio falso, o placebo, a miragem
de eu pequena nos braços de meu pai,
o amanhã sendo apenas dia útil de parque infantil,
minha estrela,
um dia com jabuticabeiras carregadas
no quintal com um céu de anil,
sendo abril e à tardinha...
Ai, me escuta, estrela minha!

(20 de abril de 2007, triste outono)

O fato do olfato

Pouco antes do natal
o cheiro de tinta abundava o ar,
muito gostoso.
Um cheiro novo.
O movimento de festa da casa,
o peru que mamãe assava...
Tudo, aos cheiros dos brinquedos e principalmente,
ao das bonecas novas, se misturava.
A tinta com a qual meu pai cintilava
as paredes altas da nossa casa
era sempre de uma cor chamada bonita.
E fosse o tom que fosse,
nos abrigava.
Cor calma. Segura.
Viva. Brilhosa. Lume.

Guardo o cheiro da coisa
e da hora como a um lugar.
Me fere de beleza
esta memória que amo.
Gume.
O cheiro desta tinta inconfundível
que, para me preservar,
em concentrada
essência se resume,
também me contém
e para sempre nos une.

Guardo-o como um remédio que,
em frasco particular meu, se resume.
Guardo e uso,
como um perfume.

(Ridijaneiro.
Da série "Poemas do inverno abafado")

Estrela Divalda
(poema da menina órfã)

A madrugada foi cortada pela trágica notícia:
"Morreu dona Divalda!"
A mineira capixaba,
a alegria de fada,
a pioneira professora de yoga,
as ideias novas, modas novas,
a criatividade, a sanfona, o violão,
a clarividência e a claridade
de quem tem o sorriso dos contentes,
de quem caminha,
vai em frente e na frente,
burilando a certeza de que o luminoso raio branco de seus dentes
pode mudar os motivos da guerra sobre a terra
e desviar o rumo da má palavra.
Da mais grave à mais banal.
Embora ainda jovem,
chegara sua vez na ordem natural,
e a morte, sem cerimônia, não teve dó nem pena,
ceifou, achou normal.

Quem ficou órfão foi o mundo!
Quem a perdeu, permaneceu
saudoso do seu colo profundo, em estado de criança.
Mas gozamos, na lira dos adultos,
de sua linda música como herança.
Quem pode tirar de nossas almas seu canto firme de esperança?

Sua voz cantando Lupicínio?
Sua voz, soprano domínio, ó Estrela Dalva de cinco pontas?
Onde estás? O que me contas?
Desde aquela madrugada de 23 de julho nosso coração ficou
[incompleto.
Até vosso marido se perdeu.
Vagam os filhos, os netos, por esta terra sem bússola.
Vagam como eu, ora sob céu desnudo, ora sob céu encoberto.
A tribo caminha sobre o mesmo destino incerto.
Nosso pai perdeu o rumo.
De certa forma sem ti o mundo ficou deserto.
Morreu, morreu nossa mãe, morreu
e brilha em céu aberto, luminoso, repleto.
É que a Estrela Divalda é de deus agora, o ser humano predileto.

(22 anos desta morte. Loucura, 2015!)

Mamãe eu quero

Sem pai nem mãe,
aniversário de minha mãe.
Sem champanhe,
sem docinhos,
os salgadinhos,
as sacanagens no palitinho,
sem parabéns pra você.
Sem ela mesma a fazer seu bolo confeitado,
sem suas mãos decididas a preparar coberturas de glacê,
seu confeito perolado,
a maravilhosa voz
a solfejar no piano, violão e acordeom
o tom da vida nesta data querida.

Agora ando sem ela pela vida
e o barco da grande família
navega à deriva sem sua determinação.
Agora não há mais aquele chão
que garantia o elo,
as medidas de amor para cada laço.
Agora catamos os cacos,
a tribo vagueia
sem saber pra onde vai.
Sem mãe nem pai.

A trégua

Me agrada sobremaneira
que exista um vizinho lá no topo da rua
que seja um admirador meu.
Nem sei se sabe meu nome.
Talvez solitário. Parece morar sozinho no casarão.
Passo, ele dá um bom-dia oferecido.
Só que é dentro do social, ninguém pode confirmar malícia
[aparente...
— Esse seu cachorro não gosta de mim.
— Não, você está enganada,
ele só late pra mulher bonita!
Disse isso e riu com o diabo no corpo.
Eu nem ligo. Por dentro, meu coração é de outro.
Mas ele existir me admirando ali,
no cume da rua ladeira,
da rua morro onde vivo e subo,
faz a vida ficar melhor,
faz eu achar o mundo possível,
mostra como podem ser românticos os seres em qualquer idade,
confirma a existência do sol nas tardes,
me faz desencanar dos problemas,
me leva a escrever mais poemas,
a organizar de cabeça minha agenda,
a dar mais aproveitamento ao meu IPTU.
Aquele homem vizinho admirador,
que sempre tem a qualquer hora um gracejo pra me oferecer,
uma espécie superficial de amor,

está posto ali estrategicamente
só pra me dizer.
— Você é a mais bonita flor da rua, enfeita nosso viver.
Este homem galante que eu nem sei o nome e
que parece que nunca vou querer, existe ali.
Só pra meu pensamento descansar de te querer,
só pro meu simples coração se distrair de você.

Caralho!

A manhã raia lá fora pela vidraça
da janelinha azul com venezianas
aqui de casa.
Chove uma chuva delicada,
borrifa a roseira e enfeita a dália.
Os cachorros estão quietinhos
como eu,
assuntando o reinado dos pingos.
Deixando ele tamborilar.

Caralho,
não é nada disso, vou confessar:
a verdade é que estou
num hotel em urbana Brasília,
tempo seco de lascar.
Sufocante.

Nada tenho a declarar.
A não ser que a manhã é oblíqua
e que só a poesia me salvará!

Temperatura da saudade

Uiii...
A notícia de que fez frio demais em sua cidade
deu um soco no meu peito.
Pontada.
Foi como se o coração compreendesse num só lance, e de enfiada,
a dimensão trágica de nossa territorial distância.
Circunstância que nos deixa,
cada um na sua cama,
ardendo em chamas de vontade de amor de conchinha e calor.

A notícia danou minha paz
me desconfortou.

Faz frio no meu quarto
onde você não está.
Faz frio em sua cidade
onde eu não estou.

A paciência

Como quem se prepara
para atravessar um século em dias,
me ajeito a fim de atravessar mais uma semana sem tua voz
[nem face.
A mil disfarces me entregaria,
porque reconheço
os poderes do improvável
estendendo seu tapete sobre o agora.
Estico-o um pouco mais.
Puxo suas pontas por sobre o por enquanto,
nutro com colheradas generosas minha porção de esperança.
Terei que atravessar a cega nuvem,
cruzar a neblina imensa
toda formada da sua não presença.
Mais sete dias pela frente,
sem seus ares, sua inteligência.
Ó xarope travoso,
amarga dose do tempo.
Ó jejum extremo,
Engendrado na carne da espera.
Um choque de ausência necessário.
Um sacrifício com dolor.
Vou, mas desejando
que passe logo a trilha de horas
até a próxima palavra,

até o primeiro verso do novo exílio,
até o próximo encontro
até o desejado beijo.

Ninguém sabe o final.

Em plena primavera,
pode acontecer de você surgir,
rosto oculto sob a revista,
livre da bruma da quimera,
lá na sala de embarque,
passageiro sentado
à espera do voo,
tal qual um avô, um pai, um rapaz,
um escritor, um guitarrista.

Ou talvez surja também a minha vista e sem alarde
na porta da floricultura à tarde,
bem ao lado do estúdio do meu bairro,
onde viera dirigir uma gravação,
tendo a divina coincidência como mão.
Ou talvez não.
Distraído, de costas saindo do táxi numa rua qualquer,
esbarre em mim, sem querer,
sem pensar ou nexo.
Os dois se beijam no irresistível, como um reflexo.
Amantes que não resistem à mutua presença,
ambos no mesmo pedaço exíguo de chão.
Ou ainda então,
o milagre se revista do que hoje é impossível,
e você simplesmente se apresente à minha porta.
Sorridente, sem conflito, ou galhofa.

Conhecível e irreconhecível, oferecendo-se sem reserva ou culpa,
pedindo mesmo o melhor de mim em seu coração,
dizendo: resolveu-se o teorema.
Vamos comigo morar num vulcão?

Enquanto o mistério não se apresenta,
preparo para a próxima semana,
novo jeito de viver a angústia de te querer em silêncio, sem te
[esquecer ainda,
exercendo quanticamente
a custosa paciência,
sabendo que atravessarei esta semana séculos,
em meio ao nevoeiro inquieto da sua ausência!

(29 de agosto, querendo ser zen. 2015)

Lençol xadrez

São pequenas mortes, disse, pelado deitado ao meu lado.
Mas não se referia ao gozo não.
Falava porque via e sentia rente
a cara da impossibilidade ali, entre nós.
E o desejo agindo como se fosse o que tinha de ser.
Ele me queria.
Eu a ele.
Agora parece tarde,
parece cedo,
parece cautela,
parece medo.
Cavalos já avançaram demais no tabuleiro.
Bispos e torres disputam o mesmo terreiro,
e as damas se movem.

O aparentemente impossível mostrou seu manto pra nós.

Mas fui forjada em desterros, meu amor,
logo logo deixei de ser a bonequinha neném da minha mãe
para dar lugar e peito a outro irmão.
Conheci cedo da vida a partilha.
Fui formada na poesia,
moldada por seus preceitos.
Logo ela, a poesia: misteriosa, incompreendida e imprescindível.
Por causa dela, mesmo diante das pequenas mortes,
tudo pra mim tem jeito.

Por causa dela, chegamos a este desnorte,
esta constante saudade no peito.
Por causa dela você tocou meu coração em cheio.
Por causa da poesia, compreendo sua arte
e não aceito seus receios!

Quero aquele presente

Desde aquele domingo, meu deus,
minha vida não é mais a mesma.
O homem que eu sonhava me encontrou,
me conduziu pelas ruas da cidade de mãos dadas,
e nós dois a vararmos,
a noite imensa daquela madrugada.
Desde aquele domingo, Deus meu,
que estou perdida na densa mata
da inesquecível noite encantada!

Oxóssi meu,
não solte minha mão no meio deste nada.
Não me deixe à mercê da vida assim
com nosso amor sem rumo,
e tudo ardendo dentro
de um coração que sente
a tristeza de ver
os dois assim sem futuro,
e principalmente sem tudo que tinham
e que hoje é ausente:
a imensidão do presente.

Jazz

No quarto o jazz rolando solto.
Eu, a lua de agosto
nos aquietamos na indireta iluminação da noite.
É Cassandra Wilson quem não pede licença
e arrebenta.
A madrugada é específica.
A saudade também.
Não quer dublê de você,
de ninguém.
Quer você no lado direito da cama.
Seu corpo magro ali perdido e achado em mim.
Os amantes deixam marcas no leito
e delas uma invisível cartografia se configura nos lençóis.
Chove. É frio lá fora.
Apesar do céu encoberto está o luar de agosto.
Ninguém escapa da presença de uma cheia.
Mesmo que chova.
Observa quem quiser uma vela acesa na cabeceira,
que não tremula, não venta, não brisa, não há movimento
Estou sobre o planeta Terra,
à beira do meu pensamento.
Um sensível amor inteligente em alguma parte me espera.
Chegará surpreendente com alguma mágica,
algum truque de gestos simples de homem, algum trocadilho na
                                        [boca que me beijará.
Quem vem fará
uma graça preu me desmanchar de rir.

Love more.
O som do jazz no quarto subitamente aumenta.
Cassandra Wilson canta sua torrente cadenciada
e lenta,
e me arrebenta.

Voz e violão

Nem a música boa do bar,
nem a boa cachaça de lá,
nem toda esta noite estrelar,
nada faz com que eu esqueça
tua voz na minha cabeça,
o sorriso de enlouquecer,
o beijo de matar.
Nem a sanfona do bar,
nem a gaita de nos acabar,
nem a gostosa pinga de lá.
Nada faz com que desapareça
minha lágrima presa,
meu coração de princesa
sempre a te esperar.
Ó minha lindeza,
meu homem,
céu do meu pomar,
cada deserto do meu peito
é feito de teu ausentar.
Cada pedaço em que não chove
falta tua presença lá.
Por isso eu digo:
nada, nem a bela música boa deste bar!

Santo remédio

O coração quis amanhecer quebradiço no canto do quarto.
Não deixei.
Um céu azul assim de passarinhos faz coro preu não chorar.
O homem recolheu seus mimos,
retirou-me da companhia dos seus versos de amor escritos em
          [minha direção e chacoalhou com força meu pequeno
          [frasco de certezas,
e revelou-se o incerto.
Sexta-feira.
Ponho as cartas sobre a mesa,
exponho-me à leitura de mim.
Leio meus ais e suas frustrações.
Enquanto escrevo,
uma lágrima escorre pelo lado esquerdo do rosto
teimosa em mostrar-se a mim,
assim mesmo, como lágrima
em estado de não alegria.
Enxugo-a, eu quase fria.
Não me comovem as cenas do mal-estar da civilização logo pela
                                                  [manhã.
Toma-me a consciência de que tudo que amamos é revestido
          [daquelas camadas de invenções vindas da nossa antiga
          [fábrica de ilusões,
que não para, nunca para de funcionar noite e dia
dia e noite, o velho galpão.
Estou como uma menina querendo colo, carinho,
a certeza do amor dos meus, o ninho.

Cato lembranças de afetos profundos que recebi,
faço um emplastro disso, daquela mistura amorosa
e ponho sobre os cortes, sobre os trincados da vidraça do meu coração.
Pronto.
Encantação.
Agora mesmo, pus um versinho bobo de amor sobre a ferida.
Vou esperar cicatrização.

(Bonito, lindo poente)

O galope

O que trota e bate resoluto
e folgado no fundo do meu coração
é ainda o teu amor.
Não ele exatamente mas o casco forte
de sua digníssima ausência.
Estala seu tormento de inexistência
montado no cavalo do fantasma da presença.

O que galopa e badala no ar do quarto
vibrando tudo,
de modo a não se traduzir em poema ou relato,
é o teu amor-história,
aquele amor com doçura de mato e ardósia,
o jeito de me pegar pela cintura,
a cura de me abrigar no peito,
como um descanso, uma vitória.

O amor que não está
faz também o seu serviço,
e faz tão bem o seu ofício
que põe em choque e em xeque
o tempo ausente de sua indiscutível glória.

O amor que não dorme mais comigo
e habita meu sonho,
o que não adormece em meu cômodo
mas se estende no reservado lado da cama,

é presença profana da ausência de fato.
É o poder da memória do ato.
Esta saudade que dorme comigo atende
pelo estático nome ativo de "retrato".

Então bate e badala, amor-ausência,
seu tormento de inexistência
montado no cavalo da presença!

(7 de março doido de 2008)

O cara

Pularei para o colo de Morfeu daqui a pouco.
Não é amante, não é bandido,
não é fulano, nem sicrano, nem fariseu.
Morfeu é só um amigo meu.
Arquétipo experiente,
me acolherá nos seus braços atraentes, isto é certo.
Sem tranquilizantes,
confiando apenas em meu cansaço disperso
e no céu de estrelas coberto
ele me espera lá.
Vamos dormir quando eu com ele me deitar.
Os sonhos se incumbem do entretenimento.
Dormirei bem.
O que não for do bem,
meu sonho não permitirá, e eu conto com este bom senso.
Pronto.
Morfeu e eu nos enlaçamos
neutralizando o tormento.

Sinais

Já começa muito discreto e levemente
um movimento de terra à vista.
Já começa a vislumbrar a praia
meu barco torto, fazedor de lágrimas,
de lágrimas boas fazedoras de mar.
Já começa a nadar este corpo
que avistará o porto e, até lá,
construirá um cais.
Já começa a respirar fundo este peito,
já começa a abrir esta boca sem gritar,
já começa a se preparar pra cantar.

(3 de maio de 2005)

A peça

A lua sobe majestosa no céu de Natal.
Mais um fim de semana longe de casa,
mais um dia voando pelos céus do Brasil
sem ter asas de fora.
Só na cola da palavra,
na aba de sua trajetória,
vou testemunhando crepúsculos regionais,
luares colossais de outras pairagens.
Trabalho.
Passam os públicos.
Deixam vazias as cadeiras dos teatros,
estão com seus amores, seus amantes, seus familiares.
Eu não.
Depois de diverti-las, minha rota é o destino dos hotéis,
as inúmeras moças e rapazes das recepções,
os porteiros sonolentos das noites de viagem.
Sem beijo na boca, sem sacanagem, sem meu quarto,
meu jardim acolhedor, sem minha cama,
sem minha sala lá de casa, aquele perfume de flor
sem a vizinhança dos amigos, vou dormir, sem meu amor.
Escrevo uns pobres poemas para iluminar a visão das bagagens.

Ponho o nome de Vítor sobre o travesseiro.
Ele é o meu amor invisível,
inventor de meu devaneio.

A lua me olha, me conhece, quase me caçoa.
Sabe como às vezes rolo só e nua entre as palavras no
[caderno-travesseiro.
Sabe de mim, nobre cidadã escrevente do meu ofício
e sobe também em mim, também mulher assim.
A lua assiste ao meu desperdício.

(Praia de Ponta Negra, Natal,
3 de junho de 2006)

A ciranda

Corre o tempo.
Enquanto isso, a lua de agosto
inda não me trouxe o prometido.
Me preparei para a noite de serenata,
botei meu melhor vestido.
O frio me tem em sua corte
refém dos cobertores,
vítima maravilhada do céu estrelado,
meu rei e meu algoz.

Corre o tempo.
Quem eu quero não vem me querer
e me quer aquele que não quero.
O amor não vem,
eu me desespero.
Um mês sem par,
um mês a sós.

O amor não vem nin mim
não chega em nós.
Corre o tempo
e a lua de agosto me destrói.
Corre o tempo
e o luar de agosto
me corrói.

Sem palhaço

Uma feia tristeza me ronda.
Eu conheço ela.
Usa um lenço deprimente sobre a cabeça,
jamais penteia o cabelo e assim,
extraviada do dom da alegria,
deprimentemente reza.

Uma tristeza me paquera e eu
finjo que não a conheço.
Quer dançar, eu não entendo,
quer brincar, eu implico.
Uma tristeza de circo ronda a minha morada,
eu não quero ela, eu não quero nada.

(19 de setembro de 2000)

A medida

A força, a descomunal força
que um quase afogado faz para respirar,
alcançar o ar, vencer o mar
que o sufoca em nevoeiro,
esta determinação encorpada,
esta disposição invocada,
usando até a rapa da potência,
esta garra obstinada,
quase desespero,
é o que os indianos chamam
de "desejo inteiro".

(BSB, pôr do sol e peito ardente)

O herói

Somos todos sobreviventes
de um sonho
um desamparo
uma desilusão
uma dependência
um cárcere
um jogo
uma apatia
uma catástrofe
um abandono
uma perda
Todos! Sobreviventes!
Emergimos.
Sobrevivemos
de um vício,
de uma tristeza,
de uma espécie de beleza,
de uma pobreza,
de um pranto,
de uma angústia,
de um descaso,
de uma ignorância,
de um engano,
de uma espera,
de uma dor.
Somos todos sobreviventes,
meu amor!

O náufrago

Ressaca do jardim suspenso!
Despenco e penso:
Deus, que sacode foi esse?
O que foi este caldo, este caixote?
Era faxina, desilusão da pura e da fina?
Era uma parte da sina?
Então era outra vez névoa, era espuma,
era a força brusca do giro da roda da fortuna?
Nada responde.
Colho os versos de ilusão que o amor deixou nas gavetas,
nas pistas, nos gestos, nas pastas virtuais dos computadores;
Colho rumores, desejos e suspiros que ficaram nos estertores das
                                                    [letras.
Colho torpedos, colho flores no chão de mim.

Estou falando do amor que havia na semana passada, meu pastor!
Estou falando das palavras, das palavras de paixão e de amor:
meu alimento profícuo,
meu elemento pacífico,
amplificador de minhas possibilidades,
minha dieta!

Ressaca do jardim suspenso!
A inspirada remessa de cartas, bilhetes e declarações
chegou rápido aos porões do inabitável
e deslizou neles seus poderes, suas ocasiões.
Partiu-se aquela beleza!

Sou agora um ser brotado da queda de uma estética emocional,
sou um ser regressado do tombo de um beiral alto
que crê romanticamente no amor.
Sou um afogado desesperado batendo nos bancos de areia,
exposto ao tufão das memórias das frases.
Quase morto, quase.
Me espatifei.

Sobrevivi.
Ondas revoltas me lançaram de costas às lascas finas dos corais.
Mas felizmente e como sempre, um cardume de versos me
[esperava no cais!

(8 de abril, outonoemmim, de 2008)

IV

Cartas no mar

"Aquele que escreve cartas não apenas cola selos num envelope de nuvens lançado sobre o horizonte. Espera que quem recebe saiba ser na linha-d'água a sede do eterno instante e jorre afeto e resposta num diálogo de fontes."

Mário de Andrade

Mar da manhã

Mar da manhã
uma renda enfeitando sua pele de cima
parece uma toalha na janela linda de sua onda calma
é uma cortina.

Mar da manhã
aquele que amanhece junto com o dia
aquele que é o dia na sua categoria mar
aquele que testemunhou o nascer do sol e
aquele que primeiro com ele se relacionou.

Mar da manhã
mar de água nova
o primeiro que me banhou
mar que sabe como tudo começou
mar antigo
mas ainda é mar novinho em folha
divindade que se renovou

Mar da manhã
seu vestido de babado branco com
florezinhas bordadas nas ondinhas
tanta graça nessas águas que até parece uma rima.

Mar da manhã
mar de Deus
água de menina.

(Itaúnas, 20 de março de 2007)

Amor de Odoyá

Só porque um cachorro latiu sozinho no começo da manhã
e em meio ao canto dos passarinhos,
fiquei com seis aninhos
dentro do vestido azul-clarinho
que mamãe fez.
Bracinhos abertos querendo amor, colo e compreensão.

Só porque latiu esse cão,
minha manhã se fundiu com a pátria da infância
da qual vivemos em exílio.
Veio em meu auxílio a lembrança nítida do mar
e pra que eu nem pensasse em chorar
veio em meu socorro,
o olhar amoroso de Yemanjá.

Olhos de mar

Veio do mar.
Sorria todo de branco
na branca espuma fundindo-se em Netuno e Pã
para os lados de minha sorte.
Caminhava das águas e sobre elas.
Era das águas oriundo.
Vinha delas.
Com cautela mantive-me segura à linha do seu olhar
até que, ganhando o solo volátil e firme da areia, num só assobio,
ele ofereceu-me seus castelos.
Eu nada dizia.
Meu papel era reconhecê-lo na travessia.
Desse mesmo papel um barco eu faria.
Quem era o homem-peixe, doçura
música e maresia que do oceano surgia?
Vi as pegadas que a onda apressara-se em apagar.
Eram notas musicais, escalas especiais, arpejos do ar,
anotações de arranjos que só aos pássaros-peixes é dado ler.
O que fazer?
Exatamente como anunciara o oráculo,
o homem veio vencendo mato, tempestade e cordilheira,
até chegar aqui.
Quando o vi de perfil, não era o mesmo que conheci.
Trazia uma relva de pelos sobre o peito
e eu tive inúmeras vezes o ímpeto de me perder naquele mistério.
Não o fiz.
Cumprindo sua natureza, exibiu-se sem alarde:

Tocou coco da Bahia, tocou garrafinha e até canudo de caipirinha.
Depois sorria azul e límpido,
mancomunado com o céu,
coisa que eu temia.

Veio do mar.
Veio de lá.
Era um tipo de vento,
uma espécie de sabiá do mar.
Tocou minha vida,
a barca do meu pensamento.
Me beijou com a delicadeza dos inocentes.
Nem parecia que também havia cachaça e fumaça no ar.
Beijei seus olhos,
logo que avistei neles o colo de Yemanjá.
Lá estava a visagem a me encantar:
o homem, o sonho e sua invisível flauta negra
contra a imensidão solar.
Sem remédio, comecei a chorar.
Sei que vinha do mar.

O que vinha da maré alta
era um mas não vinha sozinho,
quem vinha emergido da maré alta,
vinha em malta.

Barco Bossa Nova

Partiu com a manhã.
Quem diria que tudo foi na aurora de ontem,
esse fato ainda tão verde
tão ramo cheiroso de hortelã.
Estou como que tatuada,
invisíveis pássaros enfeitam minha nuca,
pétalas amarelas adornam minhas costas inteiras.
Porque os beijos se transformaram em estamparia.
Eu gozo, creiam,
gozo em pensar no beijo daquela boca.
Não posso esquecer tua pele.
Tudo é inexplicável e prescinde de explicação.
Ninguém perguntou nada.
Foi só no clarão da madrugada que percebeu-se
que era maior a intimidade daquela canção enluarada,
daquele sarau, daquela balada entre os dois,
só depois, já com o dia raiado,
percebeu-se este blues este jazz de ímã e desejo
que toca entre os dois.
Estou como uma menina encantada,
quero ficar de olhos fechados,
quero prosseguir lembrando,
quero nós dois abraçados confortáveis dentro do abraço do sono.
As cenas enfileiradas a acontecer sem que saibamos
cachoeira desgovernada.
A vida segue sem indagar nada.
Apresenta-se.

Abre seu pano.
Diante dela é pegar ou fugir.
Por isso quero você aqui.
Aceito a jogada da vida,
o jeito incrível que ela tem de nos lançar.
Somos suas cartas.
Meu homem saiu de dentro de mim
e se embrenhou no meio da selva do dia dele,
porque dia é particular.
Cada um tem o seu.
Estou como uma praia,
o vento me levantando a saia,
minha onda batendo gostosa,
espuma na areia imensa feita só do pequeno grão,
minúscula matéria curumim.

Quero este homem assim,
quero este barco neste cais,
quero este bote em mim.

(Primavera imensa)

Passar uma noite em Itaparica

a José de Arimathea

O mar balança meu berço.
Ouvindo sua onda me aqueço
esqueço a cara da morte.
A deliciosa certeza, ou a doce impressão
de que as águas me dão proteção vem do bater das ondas,
ora brando, ora forte,
ora ventos que cantam para o norte,
ora é o sudeste e sua pegada.
Tudo isso se ouve na escrita falada das ondas,
no fino da madrugada.
Tudo isso faz eu tirar onda,
por ser irmã do dono da pousada, e por nesta bela terra ter sido
[criada.

É a linda praia de Itaparica,
mas podia ser também a praia de Itapoã,
onde vive Margarida, minha irmã.
Ou onde mora meu outro irmão, o Lino, na Praia da Costa.
Não importa, em qualquer praia das conchas ou do canto,
é tudo encanto do Espírito Santo!
Na casa deste de agora, durmo num quarto muito perto do mar.
Defronte.
Que música interessante este bailar.
Os sopros e o batuque dos instrumentos que chegam aos meus
[ouvidos,
eu não duvido, veem da paisagem de cá onde a lua iluminada

vê o sol quebrando bem em frente ao seu luar.
Estamos todos em vosso salão, Ó dona mãe Yemanjá!
Nossa, mas que lindo o seu colar!
Gostou? É de Janaína, não deixe embolar.

A orquestra deste grande salão das águas
desliza com seus longos vestidos azuis
barrados de espumas em legítimas rendas,
sendo o vestido da Rainha, de sofisticada estamparia,
cujo molde se copiaria
pelo que ficou tatuado na areia.

Areia é o nome da terra perto das praias.
Mas também é chão.
Meu bem, escuta este mar, impressionante ópera de delicados sons!
Como pode esta imensidão sonora,
como é possível tamanha ordem de grandiosas melodias,
cujos acordes vibram na linha do firmamento,
virem morar dentro de uma concha?

Quem pode com tais fragrâncias musicais, meu Pai?
Meu filho diz que o mar está sempre pronto
que ele tem cena, conteúdo, voz, enredo e movimento.
É só filmar.
Ah, os que te amam têm muita razão, ó mar!

Eu, daqui, deitada em cama deliciosa de família à beira-mar,
escrevo estes pensamentos no quarto do meu sobrinho, Vinicius.
E o meu sono, meio rindo, meio uterino,
tem a segurança dos inícios.

Explicação dessa hora

Neste momento
não sei mais o que dizer
nem sei mais o que calar.
Fiz esses downloads,
baixei as cenas dos instantes intensos,
um filme em palavras para lembrar.
Repentista que sou dos acontecimentos
não me contento em só olhar.
Há muitas coisas entre um ser e outro,
não dá para se ter garantias
nas coisas do pensar:
será que entendi direito
ou isso é o efeito do meu desejar?
Ninguém nunca saberá,
são testes num jogo que é ao vivo
e todo de arriscar.
Somos intérpretes, tradutores
do que do outro podemos farejar.
Neste momento não sei o que dizer,
não sei o que falar,
muito do que houve não pude alcançar.
Me perdi no mistério de sua alma de mar
e agora dei pra sonhar toda a noite o mesmo sonho
em que pra todo lado é oceano,
sem poder me salvar,
sem cais ou faixa permitida a alguém se banhar.
Espero o vento que vai me levar ao outro lado da praia.

Espero a onda que na areia ensaia
um jeito de nos reconduzir
àquele lugar!
Para tanto,
conto com o vento,
conto com a vida,
conto com a força
da brisa do mar.

Diário de dois mil e treze

Escrevo nas primeiras horas do primeiro dia de um ano
que acaba de nascer.
Em fraldas e ainda a engatinhar
o pequeno símbolo há de dar conta de tantas coisas adultas,
coisas começadas antes de ele chegar.
Escrevo na convenção das quatro da manhã
Escrevo na real situação de antes do sol raiar.
Ó meu doce ano-novo, acabado de chegar,
ó fiel filho de Ogum, oriundo de Yemanjá,
dai-me o que é de meu enredo,
pois o que é dos outros, a mim não interessa ganhar.
Quero conchas, areia, ondas e ostras como fortuna,
e se for tesouro de pérolas brotado das dunas,
tanto mais vai me agradar.

Sou um sujeito feminino nascido da rainha do mar,
e se o oráculo diz que o ano é dela, pra que duvidar?
Tinha mais coisas para falar, mas a noite segue alta,
lua astronáutica, e agora é hora de descansar.
Brindo aos meus irmãos de vida
e ao meu irmão de sangue e de amar,
saúdo suas vidas, e as alegrias do compartilhar.
Vou dormir, como penso que dorme o mar.
Lá longe se ouve o som nítido e sincopado
do forró tocando "tem dó pequenininha", de um jeito tão bonito
que dá para sentir a mão que enlaça rente, nossa cintura inocente
[a rebolar.

Mas lá não vou dançar.
Estou na passarela da manhã do primeiro dia e quero repousar.
Lá fora um céu que prateava quando o novo dia começou a
                                        [despontar,
agora surpreende e irradia sua decisão de chover quando bem
                                        [lhe convier.
Já sei que será surpreendente o firmamento do novo tempo que
                                        [virá.
chove é lua cheia minguante, quase inteira, dá pra reparar.
Encoberto o sol do ano que rompera prateado de luar,
agora respinga sério, mas sem trovejar.
Chove na madrugada, na raiz do primeiro dia do ano.
Lava-me a alma.
E abre o pano.

(Itaúnas, madrugada quase aurora
de 1º de janeiro de 2013)

Click

Com os olhos postos na primeira fotografia nossa
vi ali o encontro inadiável,
o cordão da ancestralidade,
o serviço do acaso nos apresentando distraídos
como se sempre tivéssemos sido.
Quem de nós vai saber se é verdade
ou viagem o acontecido?
Tudo é realidade
ou astuto delírio meu,
em favor das reais intenções do meu desejo?
Na foto me tinha nos braços
E fomos ali de cara na cara do primeiro fato,
um casal, um laço.
Dois amantes destemidos
navegando em céu aberto
no mar dos perigos.
A foto narra o que não digo,
mas brilha e grita radiante.
Vamos nós dois os navegantes,
o sol, sobre nossa glória,
desenhando, riscando no mar
a invisível trajetória.

V

Carta anônima

"Se não vejo a mulher que desejo,
nada do que vejo vale o que não vejo."

Augusto de Campos

O nascimento de Vítor

Meu amor,
vou ter que inventar um nome
pra você neste meu próximo livro,
vai ser, a partir de agora, meu Jonathan,
o príncipe-síntese do desejo
pagão e sacro de Adélia Prado.
Chamar-te-ei Vítor.
É nome de araque, nome de mentira,
nome de segredo, nome de difícil rima,
mas que traz na crina nossa coragem,
nosso despudor, nossa vontade.
Vítor, amante invicto da dama Vitória,
nome misteriosamente entranhado
na minha nova memória, criada na
gaveta estelionatária dos falsos nomes,
só pra lhe proteger.
Estou aqui, ao seu gosto, gostosa, morena;
você pau duro, eu moça, eu mulher,
eu senhora, eu serena e você no meio do enredo
protegido pela ficção.
Você dentro das páginas cheio de tesão.
Meu horizonte esbelto, minha vitória,
amor imperdível de minha história

Namorados no parque

De vez em quando
sopra uma brisa doce na minha nuca.
Sei que é você, seu toque,
uma versão leve de sua barba
a me deixar maluca.
Anoitece no reino de Itaúnas e a
vontade é passear no parque,
não importa se floral, ecológico, fotográfico, gráfico.
Não importa.
Porque parque é a palavra que sustenta o
nosso acontecimento de amor.

De vez em quando,
quando estou só e sopra essa brisa
que, no seu revés, me dá até calor,
no pensamento, sem que eu mesma dispa,
a roupa sai de mim, eu pulso e
vou para os seus braços,
para o parque dos namorados
onde meu amor cabe.
É tudo dentro.
É luminoso.
É segredo.
Ninguém sabe.

(27 de maio de 2007.
Vem outono. Todo)

Carta ao pseudônimo

"Quero estar à beira do rio
que cai dos teus olhos."

Sinhá

Sabe, Vítor, eu não esqueço nunca
o seu lindo nome que grita e sussurra
dentro de mim como um segredo.
Digo-o pra mim baixinho, mas pronunciando
em murmúrio o seu nome verdadeiro;
deitada agora na cama,
as mãos no quentinho entre as pernas,
entanguida de frio.
Um fio de amor escorre córrego
dentro do meu coração.
É noite.
E, à beira deste rio, meu príncipe,
te esperarei com frescor de uma estação,
para te oferecer um amor de verdade,
a ilusão de nunca uma ilusão.
É noite.
Embora silencioso, tem decisão.
Corre solto.
Parece correnteza de paixão.

Carta aberta por Vítor

Vítor, Vítor,
o chato de eu te inventar é que teu coração não verdadeiramente
[é meu.
É farsa.
Inventei que me amavas muito.
Não é verdade e você nem disfarça.
Escrevo utilizando as iniciativas e os testemunhos experimentais
[do real,
mas não é total o meu poder.
Tento em vão alcançar as habilidades de Deus e roteirizo dicas
[pra ver se você me segue.
Mas, vem você. E lê o escrito.
A mágica, Vítor, não é você saber,
não é você ler o segredo do que escrevi,
minhas secretas indicações para o porvir.
Não. A mágica é você, sem saber, cumprir.
A mágica, Vítor, é você intuir.

Misturo bons desejos a umas xícaras de acontecimentos afins,
adiciono o sumo dos seus impulsos, mexo bem,
pondo nisso mais umas doses de mim.
Antes, separo de cada ingrediente a parte maleável da parte dura,
[e pronto.
Está feito e é vida pura.
Está feito e é viva a literatura.

(Itaúnas, 12 de agosto de 2007)

Cansaço

Dobre seu olhar sobre meu corpo,
cubra-o como um lençol
como faz um pai a uma filha
como faz a nuvem ao sol.
Deixe-me sobre sua copa.
Deixe-me, se você não se importa,
ser seu segredo, sua secreta porta.
Torne-me anônima e sua.
Faça-me dormir entre seus braços e, ao sair,
não me deixe ouvir seus passos.

A cena aberta

Ele me pegou olhando pra ele daquele jeito
ele me pegou olhando pra ele com aqueles olhos
bem na porta do camarim.
Ele me pegou assim
olhando pra ele e o roteiro de pecado é o que se lia nele
naquele olhar safado
que não dava nem pra disfarçar
mas que vinha de mim.

É que quando comecei a olhar
ele estava olhando pro lado
ele estava com o rosto virado pra lá.
Então meu olhar se sentiu autorizado a olhar.
Ele me pegou explícita.
A filha da puta da janela da alma
deu uma supervacilada
e quando ele bruscamente se virou pra cá
me flagrou na indecência muda daquele olhar.
Ah, meu Deus
não fosse aquilo camarim
e fosse ainda o palco
ao invés de eu estar agora
constrangida a escrever esse poema,
diria pra ele
segura de mim à beça:
"Meu amor, isto é uma cena,
faz apenas parte da peça."

Mas não.
Camarim já, e não palco ainda
e aquele a quem eu olhava
me viu a mirá-lo
me sentiu
e viu que eu o desejava.
Não era pra ele ver,
não estava nos meus planos.

E agora?
Ah, diretor, diretor,
interrompa o ensaio.
Ó temporal, cancele o espetáculo!
Ó acaso, misterioso amigo dos amantes,
feche só por esta noite o teatro!
Então camarim e palco se misturarão
eu confessarei meu amor, minha paixão,
e direi que aquele meu olhar
foi pura força de interpretação.

Cala-te, boca

Ele me zune beijos fortes e ligeiros,
gostosos e efêmeros.
Ele finge que não está dando
e eu, que não estou correspondendo.
São beijos rápidos, molhados, invisíveis.

Enquanto isso, pelas palavras,
coisas incríveis estão acontecendo.
Eu finjo que não estou olhando.
Ele finge que não está vendo.

(1º de fevereiro de 2010)

Dilema

Passei a noite num passe de mágica imenso, eterno.
Não havia palco, teatro, luzes de ribalta.
Tudo ali se exalta e acontece
pulsante na vida da gente
e você, que surgira há dois dias de repente,
agora arde no meu sertão,
faz, dentro da noite,
dia claro e sol quente,
veredas de Guimarães.
Há um recorte nos teus olhos,
uma beleza que eu olho
porque resplandece quando você ama.
As mãos quentes, olhar que se derrama no jeito de amar a gente.
A voz no ouvido clama,
sussurra palavras de cama,
e arrepia meu corpo ardente.
Minha alma está diferente
uma espécie de oceano a molhar o lençol.

Quem de nós vai ousar tapar o sol?
Quem de nós vai dizer primeiro
que não é engano?
Quem de nós vai admitir primeiro?
Quem de nós vai continuar a amar
sem dizer eu te amo?

Chega

Não suporto mais
este afeto que não há
este amor que você não me dá
embora não assuma.
Não quero mais este adiamento
este não encontrar
este desacolhimento
este affair coisa nenhuma.
Um cristal que ninguém tocou
e a gente tem medo de quebrar.
Não quero mais este desamor
de bonitas palavras
repleto de sinceridade tática
pleno de teoria e vazio de prática.
Não me interessa mais esta falta de história
esta falsa memória pra se guardar.
Tô exausta da sua saudade declarada,
sua conversa fiada
seus quase gestos, seu arrepio na pele dos braços
quando só eu e você no elevador, a gente chega no terceiro andar,
você me olhando sem se declarar.
Ah, por favor, tô enjoada de seu jogo difícil de montar.

Tô cansada.
Tô farta dos quase beijos, do pé no freio,
da falta de amasso,
dos longos períodos de desabraço,

da falta de carinho,
da falta de laço.
Tô cheia deste caminho sem rastro,
deste rebanho de sonhos sem pasto,
desta importância inventada,
deste futuro inalcançado,
deste presente inconsistente,
deste romance malpassado.
Estou enfastiada
do que eu não te disse
do que de mim não sabes
do que não me escutas
do que não me cabes
do que não te importas:
estas lágrimas, este calor, esta dor nas costas!
Não quero mais este desnamoro
que também não é amizade.
Não quero mais esta frustração,
esta ilusão, este gasto de vontade,
esta melodia interrompida
esta estranha viagem.
Este desejo infinito sem sair do lugar,
embora cheio de planos, cheia de vida,
embora embaixo dos panos.
Não quero mais este amor intencionado,
o qual você me oferece
e com o qual não me ama,
um amor que não cresce,
um amor que não ama.
Não quero mais este amor que você diz que tem,
este amor que você não me dá,
este amor de mentira,

este amor que não há.
Um amor que não vinga, não rola,
um sentimento sem camisola e nem pijama,
que não tira a roupa, não acorda, nem deita na cama,
um amor, coitado, sem madrugadas,
sem bailes, sem fins de semana.
Um amor tão falado, tão vistoso, tão bacana,
mas tão impedido de andar e isto até me comove,
este sublime amor que não se desenvolve,
não cresce, e só de esperança se apruma.
Um amor em pleno mar
que não me salva nem me afunda.
Ah, tô cansada deste amor de segunda!

Palavras da lua menina

Se você estivesse aqui
eu chamaria: corre amor,
vem ver a crescente exuberando,
enchendo de clariosidade o esplendor da noite.
Bilha. Brilha.
Reina.
Guarda-se potencializada na própria totalidade.
Mesmo quando a vemos em fases e faces,
ela está inteira e recessiva ali,
Há uma cheia dentro da invisível nova,
uma redonda dentro daquele sorriso fininho dela,
na crescentezinha primeira, aquela luinha menina,
naquela crescentezinha,
naquela apara de unha no céu.
Há uma completude na circunferência sutil.
Você nunca viu?

Se você estivesse aqui
eu te apontaria esta crescente metade de agora,
que talvez esteja brilhando do lado de fora de sua janela fechada
nesta hora, e a minha casa invade.
Eu lhe diria: vem cá,
não fale nada, vem devagar,
encoste os seus lábios quentes na minha nuca,
e me abrace ao luar.
Deixe a luz fazer em nós o seu serviço de escrever, amar e luzir.
Tudo isso eu te diria se você estivesse aqui.

Quimera

Quem me dera você aqui comigo
neste quarto aquecido
à meia-luz à meia voz

Quem me dera os dois
assim unidos
relaxados sobre o tecido
beijos nas costas
dois passarinhos
ninguém tão só na calma lira
deitados entre poemas sobre lençóis

Que me dera você aqui comigo
neste quarto aquecido
à beira vida, à beira nós.

(Noite caxiense,
primavera outra vez, 2015)

Fotografia

Quem ia imaginar, meu precioso,
que no seu aniversário do ano seguinte ainda haveria nós dois
ao menos como tema?
Quem preveria o filme todo e o burburinho causado no cinema?
Agora me lembro da nossa primeira cena:
nós dois fotografados no camarim, de branco.
Noivos de retrato.
Assim do nada.
Ninguém duvida do casal que ali se vê.
Você vê, quem diria?
Seja lá o que for que tiver sido,
acontecera ali,
naquela tarde daquele dia,
naquela foto,
naquela inocência,
naquele sentido,
à nossa revelia.

Entre nós,
no abraço eterno onde já cabíamos,
quando nem nós sabíamos.

O roteirista

E ficaram os amantes
mais de dois meses sem se ver,
numa saudade de dupla cauda.
Cada um naquele estado
diminuindo as léguas
através de estrada mágica pavimentada de palavras.

O roteirista apiedou-se e
deu-lhes ao fim de tal distância um momento íntimo,
uma pequena casquinha de madrugada.
Uma beira, não uma noite inteira,
uma beiradinha de noite,
só uma, para que
se vissem
se tocassem
se pertencessem
uma vez mais.
O roteirista deu-lhes, é verdade,
uma noite muito fria
em terra longínqua, a qual seus corpos
logo aqueceram em gemidos e ais.
Um fogo-fátuo rápido
e é gostoso demais.

Mas no roteiro deu-se uma noite
menor do que as outras.
Ponteiros avançam demais

e o horário de verão
encolhe o tempo da oportunidade.

No entanto, seguem os dois
viajantes felizes entre as cidades,
arautos da própria odisseia,
a odisseia da vontade.

(21 de primavera, 2015)

Carta primeira — Você é o que você come

Leio leio leio a mesma carta
releio as mesmas linhas
leio a carta outra vez
e uma vez mais
e cada vez que a leio
mais vou me sentindo melhor.

É esse meu principal remédio, seu doutor.
Esta é minha mais saudável dieta, sim senhor:
eu me alimento com palavras e gestos de amor.

VI

O livro dos bilhetes

*"Não há metal que cave mais
fundo do que a pá da palavra."*

Hilda Hilst

Bilhete ao prisioneiro

Fui uma liberdade sua.

Acolhimento

Fazia frio demais.
Então fiz um chuveirinho de lágrimas quentes
e em suas águas me banhei em paz, leve.
Ainda que fosse uma paz breve.

Bilhete ausente

Amanhece um dia imenso da sua ausência.
Estou na terra que te gerou.
Bebo a invenção das coisas,
para não morrer de não amor.

(27 de junho daquele inverno)

Recado

Me encontre amor,
nas ruas de trégua,
nas gueltas
nos oásis ocultados
entre as areias desertas.

Me encontre, amor,
naquela praia incerta
dentro da hora certa.

Linguagem

Com olhos claros em forma de palavras
me chamou.
Chegou todo príncipe e me deixou louca.
Partiu e eu queria ter dito:
não me olhe com essa boca

Espiritual

O homem
o pau do homem
o pensamento dele.
Nada sai de minha cabeça.
Minha paixão tão intensa.

É pelo corpo que a alma pensa.

O jardineiro da noite enluarada

O peito de uma rainha,
disse.
E germinou amor em mim.

(Ouro Preto encantado, 2014)

Virada de tempo (ou estava quieta no meu canto)

O bilhete chegou no meio do processo:
Saudade mandou lembrança.
Chegou pequeno e forte,
fazendo a diferença,
revolvendo a terra,
tufão amoroso.
Quase um estorvo.

E quem já estava esquecendo
começa a amar tudo de novo.

Precezinha

Santo anjo do senhor,
proteja, por favor, o coraçãozinho de uma estrelinha criança, ó
[Deus Salvador?
Atende ao pedido do meu peito aflito, ó redentor:
proteja o coraçãozinho da menina do meu amor.

Jardim da manhã

Tal qual um cacho em flor
acabaram de brotar,
do mesmo galho,
seis pequenos poemas de amor.

(Da série "Poemas de amor abafado")

Ô cabeça

Não sai da mente,
não larga da ideia
não descansa o pensamento.
Impressiona
obsessiona
cria cenas
imagens
poemas
ilusões
impressões
reais
e falsos dilemas.
Tudo resplandece e bate no mesmo esquema, no mesmo código
atávico, mágico, antológico.

Ai, o amor é psicológico!

O maestro

Como quem comanda
um bando de pássaros
me enviando meia centena de cartas poemas,
você em minha vida chegou.

Perdoa se pra mim ainda não terminou.

Raio de sol

Com fins de chegar a Divinópolis
desembarco em sua terra de origem.
Que alegria.
Ouço um som de antigos tambores e magias.
São louvores da tribo dos que foram feitos durante o dia.

Pequeno bolo confeitado para um coração momentaneamente duro

A tarde fina ensolarada
ardendo em beleza,
em força, em colosso.
Não estranho esta hora rara,
aniversaria o leão de agosto.

Lundum

Desde então o poeta laçou meu coração
e não consigo mais voltar pra casa.
O que não o tem me des-rima.
Quizila.
O que não o contém
me exila.

VII

A escrevente

"Porque tu sabes que é de poesia minha vida secreta."

Hilda Hilst

Leque não levo

Conto com os ventos da Bahia
que lá estarão entre os coqueiros
a me fazer a corte
porque é maio dia das mães e viajo sozinha.
Me esperam um dengo baiano,
a casa aconchegante do Paulo Marcos,
o amor de Mabel Veloso
e sua frigideira de maturi feita para mim.
Conto as horas e
conto com os frios ventos de uma Bahia,
quase junina.
Conto com a noite que não passa breve,
conto com minha voz,
a velha alma de poeta,
a mesma jovem febre.
De malas prontas para o próximo instante parto.
Tenho sono.
Preguiça no corpo.
Vontade de ser fixa, ser porto.
Queria ser esse casal de namorados
na praça.
A banda do coreto tocando.
Só o sonho de se casar,
ter filhos, o homem da gente
sendo meeiro na roça de uma pequena e colorida cidade.
Eu ensinando menino a ler numa escolinha improvisada
no fundo da casa que ele construiu pra nós.

Contente sob o sol quente.
Mas não, sou moça da cidade,
conhecida personalidade,
sem a paz daquela simplicidade.
Eles não sabem mas não tenho descanso,
também sou simples trabalhador e ambulante,
porque a poesia de mim não se cala.
Sou do universo uma escrevente itinerante,
caixeiro-viajante.
Vamos eu e ela.
Estamos de partida para o próximo instante.

Poesia enluarada

Escrevo sob uma noite enluarada,
o que dá uma certa cobertura,
uma camada de boniteza poética
ao céu das coisas.
Penso que escrevo pra investigar,
pra não deixar de saber
desta estrada que entrei
assim que você me convidou,
como se fosse chapeuzinho
desacostumada a lobos,
como se eu não soubesse que este processo
é mesmo assim,
perigosamente meio bobo,
até para os inteligentes
e, principalmente, para o medroso.

Estou estarrecida,
deparei-me com você numa rua da vida,
e disparei a escrever este tratado de palavras,
uma coisa volumosa, contínua e viva.
Resultou numa alegoria surreal,
do diabo ou de deus.
Cada hora vem um pensamento-verso,
um pensamento meu,
adorno da reflexão, creio eu.
Perfumaria, brincos, prataria,
enfeites de alegria que o sublime prometeu.

O que eu sei é que
não para de sair de mim
uma poesia assim, camafeu,
que te quer mais do que eu.
Que te quer mais do que eu.

O domador

Como um acontecimento milagroso
vou preenchendo as páginas.
Cavalo doido galopando no reverso,
construindo versos na intenção das páginas.
Antes, lençóis de deserto.
O esplendor do dom outra vez me alicia a explicá-lo.
Criança, vou pela sua mão a lugares proibidos.
Percorro parques não permitidos, aceito pirulitos,
videogame, guaraná com pastelzinho assado.
Inocente, não percebo: ele é tarado e me obriga a fazer essas coisas.
Seu fetiche, seu tesão, sua loucura é que eu o descreva.
Me faz perguntas loucas com aquela voz rouca:
Quem é seu dono?
É o dom. É você, meu dom.
Qual é o meu segredo e o que faz de mim teu senhor?
É o teu esplendor, meu esplendor!
Tá acertando muito...
Ele, sádico, não aprova e ordena:
Erra um pouco pro papai ver...
Não sei bem o que você é, deve ser uma entidade, uma insanidade
[minha...
Cala a boca, vadia, fica boazinha.
Tu és minha criancinha e comigo nunca será sozinha,
nunca vai se danar. Isto é... se fizer tudo que o papai mandar.

Como um acontecimento milagroso,
escrevo esse esplendor no meu caderno piedoso de mim.

197

Dadivoso ele se oferece.
Cavalgo nele mas sou cavalo dele.
O dom é que é meu jóquei de fato.
Faço poesia no ponto alto do salto.
Obedeço ao pequeno homem dom
e minha escrita é de pular obstáculos.

(Itaúnas, 2 de agosto de 2007)

A escrevente

Hoje minha vontade era a de que um turista incidental
um turista ocasional
um turista sazonal
um turista acidental
um turista fora de época,
desses que podem não ser reféns das altas temporadas,
surgisse, explodisse em acontecimento no meio das dunas,
tendo ao fundo o mar.
Fosse um homem bom e tão pra mim que,
quando nos olhássemos,
daria pra se notar a presença do acaso e seus ardis,
se escondendo atrás da porta do destino, rindo de nós,
por conta do bem de suas trapaças.
(Como se sabe, o acaso é um menino)
Queria assim, este roteiro na película da realidade,
de modo que flagrasse o mágico no momento do truque;
carta vista quando era escondida pela agilidade dos dedos
para debaixo do pano.
Nós dois e a vida. Só isto.
O resto é comigo e é este o meu plano.

Sei que, montada no presente,
jogo as cartas ao futuro.

Eu escrevo o meu desejo.
Poesia é o documento do sonho

de quem não aceita o degredo.
É este o meu ofício,
portanto,
também é este o meu segredo.

(Itaúnas, 4 de outubro de 2007)

Versos de piaçava

Se sonhei com você mais esta noite,
é porque ainda não chegou
aos assoalhos do coração a minha decisão;
não te querer mais faz parte das atuais notícias da razão
que, depois de assistir a tanto estrago,
viu que o nosso estado
foi pra muito longe da palavra união.
A emoção demora a aceitar a verdade,
debate-se sem querer entender,
mas já já vai saber
que o novo dono desta íntima casa
sou eu, não mais você!
Ocorre que, no reino do inconsciente,
circulam as coisas descombinadas.
Na tela das memórias guardadas,
passado e presente estão em desordem e em cartaz,
sem sequência organizada.
Sob as pálpebras do sono de fachada,
o desejo corre solto e,
livre, impera sobre os demais,
se refestelando na terra onírica
dos fatos sem pra sempre e sem nunca mais.
De caneta na mão,
a Poesia observa a situação recente,
rabisca um monte de bobagens inocentes
escreve o resto daquilo que sente
e comete nesta passagem

até estes pobres versos adolescentes,
versos fracos, de rimas fáceis e de enjoar a gente.
Se ainda sonhei com você mais esta noite passada,
é porque a emoção, coitada, não sabe que está defasada.
E se, no despertar desta manhã nordestina,
há um breve choro ainda,
não se apavore, menina!
São águas renovando o sertão,
são lágrimas lavando a colina
onde a poesia faz o resto do serviço
nestes versos de faxina.

(Mossoró, outubro de manhã
quentíssima de 2007)

O processo

Perguntas roçam a cena da cama,
se embrenham nas bordas do
bordado inglês das fronhas.
Parece uma chique solidão de lençóis.
O inverno a desafiar o edredom,
o frio a me arrepiar, todo íntimo,
por debaixo do cetim do pijama,
de um modo abusado.
Quase meu amante.

Vou dormir.

O que descrevo é uma saudade berrante e
também um sentimento tango,
que de vez em quando,
mora comigo errante,
quando o amor não vem,
e promete que o dia de ele vir está pra chegar.
Será que você vai fugir?
Será que você vai ficar?
As perguntas seguem em cortejo,
vão compondo a procissão
das indagações compostas.
É tarde, e nesta hora posta
um sono vem e me toma.
Aparentemente sereno me
guarda para o frescor

da palavra "seguinte",
que mora dentro do outro dia.
Escrevo isto, estou exposta,
sou mar batido na praia,
sou ostra na pedra da encosta,
só gerando a pérola,
só elaborando a resposta.

(29 de maio de 2007)

Pontos cadernais

Hoje me deu desnorte,
por isso se importe,
seja o amor que eu esperava,
venha e me pegue pela palavra.
Para o sol que já raiava
eu quase dei pouca bola
aquela luz era uma esmola,
a quem não é mendigo de fato.
Hoje me deu desnorte,
por isso se comporte,
venha e me pegue pela fala.
Para a lua que já brilhava,
eu quase nem bola dei
aquela luz era uma flecha
na coroa de quem não é rei.
Hoje me deu desnorte,
por sorte,
o amor é minha lei.
Peço a você o dote
eu te ofereço verso
e é você quem me dá o mote.
É vento forte o do norte,
mas hoje me deu desnorte.
Por sorte,
o amor é minha lei,
o caderno minha estrada

grava a palavra que não esfria.
Ó boca, mãe da palavra,
ó palavra, estrela guia!

(28 de janeiro de 2013)

A voz da consciência negra

Vai dormir, vai,
não escreve mais nada,
insistente anjo voraz.
Vai dormir, nêga compulsiva,
sai daqui Satanás.
Deixe os poemas em paz.

Antes do esquecimento

Sofro do medo de perder meus originais recentes.
Fico nervosa, preocupada, de resguardo.
Amamentando eu fico urgente.
Eu sei. Antes do esquecimento tudo é imprescindível,
antes do esquecimento tudo é palpável.
Mas são bebês novos para mim os mais novos poemas.
Levo-os, meus caçulas, ao parque.
Exponho-os ao sol,
moldo-os melhor ao ar livre de algum passeio,
ou sobre a fibra de algum banheiro de aeroporto,
em alguma estação, algum mar, algum porto.
Mostro-os aos amigos especiais,
especializados em receber poemas nenéns e
até em julgar essas crianças.
São meus eternos leitores usuais e íntimos mas que dão,
sem estrilo algum, lugar para os ocasionais.
São poeminhas, meus meninos recém-nascidos
que levo dentro dos embornais.
São papéis impressos, dobrados,
são manuscritos, folhas às pressas,
arrancadas de seus cadernos, seu lugar de paz.
Levo-os comigo à aula, ao teatro, à TV, ao parque,
e a outras festas do mundo, quando dá.

Quase chata, parida fico assim,
com um medo enorme de perder, no presente,
os tais originais recentes, que parecem estar colados

à mãe de modo ainda inseparável.
Até a prole crescer, eu a publicar, a excluir,
a perder, ou até esquecer.
Quando crio, quero que tudo seja já, à mão,
concreto e palpável.
Já me conheço:
antes do esquecimento tudo é inadiável!

(29 de maio de 2007)

Carta invertida

O frio me visita sorrateiro e raro
uma só vez ao ano no Rio de Janeiro.
Vem.
Se estabelece dentro de casa por uns dias.
Todo mundo pega os casacos, os expõe ao sol
durante a pouca claridade do dia
e o frio engana a família.
Ameaça gelar pra sempre, mas é charme.

Eu, especialista em falsos alarmes,
não o distingo dos falsos amores,
não o diferencio das ilusões.
Me preparo: pijamas acetinados macios
e quentes, até o ponto do agasalhar incompleto.
Espero a doce chama do outro,
reservo o seu lugar.
Não completo de todo o aquecimento dos cobertores
até o último momento.
Ele pode chegar.
Vai que haja o espanto dos sonhados encontros
a me alcançar.
Ponho velas nos castiçais,
uma garrafa de vinho à mão
para completar a romântica necessidade.

Ninguém bebe.

O frio vem radical,
dez graus é neve,
tudo é neve agora pra mim.
O coração glacial,
Nuvem branca quebradiça, quase marfim,
nevoeiro sobre meu jardim!
Vou dormir.
Ninguém vem.
Resolvo em mimos
a parte do outro que falta.
Quem não veio não verá
a parte fria da cama.
Meu rolamento de espartana
esquentará a ausência.
Um ninho de autoacolhimento e conveniência
se apoderará de mim.
Assim.
Eu mesma embalo a minha menina
e emboladas nos entrelaçamos no amparo
do sonho legítimo que a madrugada trará.
O onírico é a estamparia do sono e,
é da objetiva realidade, seu misterioso alvará.

Adélia Prado diz, pra me acalmar,
a poesia me salvará.
Penso sem querer uns versos, que são
estes versos de agora e as pálpebras claudicam.
Mesmo breve,
o frio,
hóspede estabelecido, se sente em casa;
parece que veio pra ficar.

Sopra o seu dilúvio arrepio por debaixo da espessura do edredom.
Tudo se inverte:
escrevo por artifício
e durmo por dom.

(Rio de Janeiro, confusohorário,
cheguei há pouco de fora,
26 de julho de 2007)

Versos escritos no futuro

Do corredor da casa
avistei o beiral da grande janela
que dá para o infinito.
O sol se põe hoje para além da miragem.
É dele o reino e o rumo da beleza
com a qual colore o céu.
Cigarras cantam compondo a orquestra vespertina
e tudo é uma paisagem carioca, não nordestina.
Sob uma finíssima névoa dourada,
o firmamento me abre suas escalas
de rosa, âmbar, delírio e sonho.
E me expõe.
Ao avesso me põe.
Esta beleza me põe a mesa assim:
Película e neblina pra mim.
Mas a real capacidade onírica deste poente
não me foi dada em palavras traduzir.
Mesmo assim,
quero oferecê-la a ti, embora seja tarde.
Fiz foi uma foto em silêncio, sem barulho,
sem flash, sem alarde.
Podes ver a cena?
Guarde esta luz.
Guarde.
Fiz este poema pra te oferecer esta tarde!

(Crepúsculo de primavera,
outubro ou nada)

Minha divina pólis

Ficção?
Divinópolis pra mim
era um rosal imenso
dividido em vários jardins.
Umas ruas identificadas
pelos nomes dos donos das casas de esquina:
"Espia, é só virá ali na Don Maria,
bobo, e pronto, chegô!"
As dramáticas procissões nas estreitas ruazinhas belas.
Vozes. Véus. Velas.
Tudo andando devagar,
parecido calma,
e dando mais certo que errado.
De um lado a rua da igreja e mais duas ruas atrás,
subindo a ladeira
quase perto do campo santo,
pouquin depois do descampado,
ali pertin da linha do trem,
com ela dentro, mais o seu gingado,
mora a casa viva da poeta Adélia Prado.
Farol divino da divina pólis.
Mulher que faz facho
de luz com palavras
e deixa rastro filosófico
pra que o mundo veja
a sua pequena presépia cidade.

Agora ampliou,
tem até loja de aparelho celular,
clínica de implante, computador.

Compreendo.

Mas o lugar que inventei ainda existe
está intacto ali,
filho da literatura que se faz sem querer
e fruto do que a dália Adélia disse na trama dos versos.
A ficção é uma realidade que nunca estraga ou morre.

Por isso o lugar que guardo
está criado,
não carece nenhuma
hora de reinvento.
Está pronto pra ser morado
e é, ao progresso, infenso.
Maior que o real e mais nítido,
vive reverberado em mim
dentro do meu pensamento.
Ainda vejo o cheiro impressionante,
o grande roseiral imenso.

(Da série "Poemas do inverno abafado", 2015)

Poesia

Absoluta,
sou seu delírio,
embora meu lugar de sujeito
me ponha ativo no tabuleiro,
andando sobre o fino fio do que não vejo,
e por mergulhar neste mistério da palavra mágica,
o estranho rio quase mar, o velho Tejo,
chego a sonhos que não planejo.
Ó escura duna onde atravesso noturna,
experiência de cego vendo a luz na escuridão.
Ó densa e inefável bruma
é o pendão da vida,
a bandeira da vida imensa
o que trago nas mãos.
Escrevo desde o primeiro grito
desde os primeiros hieróglifos,
desde a caligrafia gasosa vinda da fumaça dos tambores,
desde as digitais de pedra
nos sarcófagos do antigo Egito,
até as telas dos computadores.
Desde sempre, eu admito,
me arrastaram pelas estradas
caneta e lápis, páginas e páginas de muitas resmas
Levaram-me impiedosos pelas mãos aos gritos,
inúmeros cadernos feitos de sofreguidão
e desabafo, medo e dor,
desejo e esperança não menos cega,

diário de busca e testemunhos
nas dependências do amor.
Cumpro as ordens da implacável dama,
obedeço à malha fina de seu saber
e do que compreende seu horror.
Fui sempre uma curiosa refém
do que não domino mas me atrai,
fui sempre longe demais.
Desde quando minha alma bebeu versos dos demais
quando não se farejava na alegria da alma da pequena,
alguma relva de poesia menina.
Explicitamente, ainda não se via em cena nenhum indício de
[poema.

Absoluta,
percebo agora adulta
o que sempre farejara ao redor de mim.
Arguta, está em todos os lados,
lapidou meu filho
Fala por mim.
Me escuta.
Vive no oculto.
Vive onde mora no homem a ideia de deus,
o grande delírio humano.
É neste mato nesta roça
infinita do subjetivo,
selva e pântano explicativos do ser ou não ser
que transita a minha voz,
narrando o não sei para dar conta do mal-estar da civilização.
A poesia que me envolve, ar que respiro,
consome com fome o que poderia ser chamado de inutilidades.

Folhas secas, mortes, vontades.
Tudo serve ao banquete deste tudo.
Tudo.
Tudo abastece e pertence ao seu extenso nada.
Da covardia a coragem para a luta.
Aqui e ali em toda parte
aonde ela manda em mim,
impera reina exubera.
Sabe que em si tudo cabe,
por isso me enreda na barra da saia do seu vestido, resoluta.
Toca em mim todas as notas,
provoca-me
e baila na minha cara,
a Absoluta.

Meditação ao sol de sábado

O nome do prato
É macarrão à Juliano Gomes.
Bárbara, a sobrinha, ficara com a logística do almoço:
mesa, louças, a lavagem das folhas:
A namorada cortara alhos e cebolas para a magia dos temperos.
Juliano, o próprio, o que inspirou a receita,
ficou com os pitacos, os palpites e as intuições condimentais.

Recebo a missão de fatiar, a corte delgado e
com transparente espessura de hóstia,
três cenouras.
Faço-o na varanda da sala,
ensolarada pelo divino sol de sábado.
Reparo que enxergo nitidamente aqui
nesta clariosa luz,
que agora, necessito de mais claridade para ver.
Não ligo de envelhecer.
Mas é chocante como se perde rápido
a qualidade deste sentido.
Não pelos óculos, eu reclamo,
estes, já os assumi coloridos,
combinando com os vestidos.
Mas me falta o foco das coisas,
a dimensão fiel à exatidão das formas,
ao seu indubitável desenho no espaço!
Preciso agora é de lentes para alcançar
o ponto da nitidez das imagens.

Não ligo de envelhecer, repito,
uma vez que o troco é receber a fortuna infinita da sabedoria.
Tesouro que ninguém pode nos roubar,
porque nem há ladrão preparado pra isso.
No entanto, deixo claro a quem interessar possa,
essa conclusão:
perdi apenas uns graus na potência da vista,
mas não perdi a visão!
Não enfraqueci no dom de sonhar
no poder do prazer de tecer o futuro,
para até quando eu não mais nele morar.

Sabe, agora me deu uma pena dos que nada sabem preparar
diante das possibilidades de um fogão!
Dos que andam longe da feitura alquímica
das delícias de uma cozinha...
ai, ai...
tanta coisa se pode pensar num sábado à tarde,
enquanto se corta três cenouras
em rodelas bem fininhas!

(Rio de Janeiro, verão,
3 de março de 2007)

Do efêmero presente

Às vezes passo um dia
e sinto que o perdi.
Um dia sem importâncias dentro dele,
sem fruto, sem feito,
metade avião, metade hotel.
Mas que mania é essa de querer
que o pobre do dia seja sempre cheio de tarefas?
Um dia escravinho, sofrendo na senzala calendário.
Ora essa, tem gente que dorme quase todos os dias o dia todo,
tem gente que passa o dia
sequestrado pela tela da televisão,
cama, sofá e dor nas costas.
Tem gente que nem nota,
tem quem vive só no computador,
toma remédio para nem sentir passar o dia,
e toma outro para que a noite seja uma hipnose,
já que é a sua vida uma overdose de desanimação.

Eu não.
Ao menos num dia assim,
dele não me despeço sem fazer, no mínimo,
esses mínimos versos.

(Natal/RN, 1º de junho de 2007)

És verso e ao verso tornarás

Agora, você vê:
o coração, coitado, cansado de sonhar
nem pensa em parar.
Corre para página,
pede socorro ao verso, ao poema
que é a sua oferenda, sua reza, seu alguidar.
Para o poeta o poema não é perder a guerra.
É a luta da sobrevivência.
Um modo íntimo de triunfar.
Um jeito lírico de não morrer
ao se entregar.

(Outono lindo,
12 de junho de 2009)

Poema da libertação

Estou voltando pra casa, minha poesia amada.
Andei sequestrada a escrever um romance
sobre a vida do outro,
ou andei sentindo sentimentos outros,
ou então tudo o que era meu eu dava para aquela ilusão
Toda a emoção nesse tempo de deserto e Saara
para a boca daquela invenção escoara,
tanto o que fosse leitura poética da realidade,
tanto o que fosse fixo e artifício da ficção.

Estou voltando cansada da saga imensa,
da incrível jornada de caminhar no palco da subjetividade alheia.
Porém de lá regresso menos alheia
mas conhecida de mim, mais forte,
mais candeia onde já foi mar de escuridão.
Também naquele espelho me achei,
onde a vida também é dura para o Pessoa, meu irmão.
Ó minha poesia amada, vamos para o terraço
estique na laje o colchão, ó minha poesia suburbana
vamos dançar nossa ciranda,
anotar noite estrelada e céu de lua cheia,
vou de short na calçada, à margem do rio de minha aldeia.

Estou voltando para o meu nada,
um tudo onde se estende a grama capinada
e o matagal selvagem onde mora o mistério de seu nome,
minha poesia cíclica, melíflua, ciclone!
Sou um homem às avessas, uma mulher, uma poeta.

Dá-me pois mais comida, cama, promessas
e eu brotarei em versos, cadernos de adoração a ti,
à tua beira, devotarei meus dias ao que em tua presença se come.
Escuta, minha poesia, a voz deste homem.
Sou o humano, o terráqueo escravo da palavra que liberta.
Sou a tranca da porta e a mesma porta aberta.

Estou voltando para a sala do universo.
É meu regresso, liga o som, me dá um beijo,
escolhe uma música vamos dançar.
Estou alterada, tanto tempo fora de casa,
faz eu querer feijoada
e abençoar as coisas de beber.
Uma chuva súbita entra pela janela,
também veio ela me receber.
Trago notícias do mundo dos outros
e o negócio é mesmo complicado de entender:
o que é perfeito pode dar errado e,
de onde eu vim, vi muita beleza no entristecer.
Vou te contar, minha poesia querida,
me serve uma bebida que eu sei
que você está louca pra me ouvir falar.
O certo é que tudo é autobiográfico,
tudo o que se vê.
Até aquilo que não tem nada a ver fala de nós,
nem que seja pelo seu contrário.

Estou voltando para o meu diário,
meu jornal, meu portal de notícias de mim.
Sou sucesso nessa banca,
vende bem aqui dentro mesmo.
Aqui dentro "sai muito", meu país de então.

Compro meus exemplares e
a inspiração faz rotas espetaculares pra te agradar.
Sou sua, minha divina musa,
tire a sua blusa, vamos vadiar.
Estou aqui, seu produto e freguês,
vão dizer que nos amamos,
vão julgar que somos gays.
É que eu estou coming back,
cheguei com meu back,
voltei pra você.

VIII

Carta negra

"Ó velho Deus dos homens,
deixa-me ser tambor, só tambor."

Craveirinha

"Se você é neutro em situações de injustiça,
você escolhe o lado do opressor."

Desmond Tutu

Poemeto do amor ao próximo

Me deixa em paz.
Deixe o meu, o dele, o dos outros em paz!
Qualé rapaz, o que é que você tem com isso?
Por que lhe incomoda o tamanho da minha saia?
Se eu sou índia, se sou negra ou branca,
se eu como com a mão ou com a colher,
se cadeirante, nordestino, dissonante,
se eu gosto de homem ou de mulher,
se eu não sou como você quer?
Não sei por que lhe aborrece
a liberdade amorosa dos seres ao seu redor.
Não sei por que lhe ofende mais
uma pessoa amada do que uma pessoa armada!?
Por que lhe insulta mais
quem de verdade ama do que quem lhe engana?
Dizem que vemos o que somos, por isso é bom que se investigue:
o que é que há por trás do seu espanto,
do seu escândalo, do seu incômodo
em ver o romance ardente como o de todo mundo,
nada demais, só que entre seres iguais?
Cada um sabe o que faz
com seus membros,
proeminências,
seus orifícios,
seus desejos,
seus interstícios.
Cada um sabe o que faz,

me deixe em paz.
Plante a paz.
Esta guerra que não se denomina
mas que mata tantos humanos, estes inteligentes animais,
é um verdadeiro terror urbano e ninguém aguenta mais.
Conhece-te a ti mesmo
este continua sendo o segredo que não nos trai.
Então, ouça o meu conselho
deixe que o sexo alheio seja assunto de cada eu,
e, pelo amor de deus,
vá cuidar do seu.

(15 de maioutono lindo)

O que dizem os tambores

Todos os tambores ecoam
Todos os tambores soam
Todos os tambores voam
seus ritmos em sua direção
Todos os tambores dizem sim
Todos os tambores vencem o não
Os tambores trazem a glória
quando o seu tocador
escreve a própria história.

A velha dor

Contaram que a camareira caiu.
O espanto, o impacto do rosto dela
o baque do corpo na queda,
choque do osso na original pedra
onde o queixo partiu.
Conheci a hóspede que a tudo viu.
Diz que foi labirintite,
a moça mulata tonteou e pou,
estatelou-se.
Deixou uma estrada de pingo de sangue sob o piso liso
entre as fendas da pedra-sabão,
para serem encontradas no banheiro,
o rosto sangrando, o sangue escorrendo pelas mãos:
estou bem, não foi nada não.
Na beira da estrada a memória do tombo,
vestígio da touca e dos óculos pelo chão.
Vila Rica, Diamantina, tudo jorra do meu peito alforriado,
tudo esclarece minha rima.
Êta riqueza, tanta ambição por cima,
nas casas belas, nos palácios das casas-grandes.
Nas montanhas, nas minas.
O sangue de vermelho vivo,
fio escorrido deixado no piso
fazendo caminho de uma dor antiga,
uma coisa esquisita de se sentir.
Queria que o limpassem logo.
Implorei, pedi.

Fui até o gerente, insisti.
Não sei por que queria parar de ver
aquele filete a escorrer.
Por quê?
Pergunta o meu coração no seu avesso,
por quê?
A resposta veio com o seu imenso peso:
chega de sangue preto no chão de Ouro Preto.

Meninos pretos

a Rodrigo Campos

Abro o jornal:
a velha tarja preta na jovem cara preta,
esse petróleo desperdiçado.
Não quero mais que matem nossos meninos,
tantos pretos lindos.
Quero em suas bocas, argumentos.
Quero em suas mãos, instrumentos.
Ó pobres, desprezados menininhos
Era só pegar no cavaquinho...

Carta escrita em coração materno

"A injustiça em qualquer lugar é
uma ameaça à justiça em todo lugar."

Martin Luther King Jr.

Espero meu filho amado voltar da rua.
Lindo, estudado, sábio,
impecável brasileiro em
construção poética de boa massa.
Meu menino, meu sarará
que foi trabalhar com o cinema dele
nessa noite escura de chuva forte.
De longe eu o amparo,
meu rapaz, minha ternura, minha recompensa,
meu presente de esquecer todas as agruras,
prenda que dá melhor valência aos esforços do viver,
e oferece preciosa colheita ao ir e vir do plantar.
Espero meu filho, é noite.
Muitas mães em suas casas falam comigo agora.
Muitas mães falam comigo sem saber.
Esperam, como eu, seus filhos expostos, como o meu,
a este extenso desamparo civil.
Apenas eu escrevi primeiro.
É que sou uma mãe do Rio de Janeiro,
sou uma mãe do Brasil.

(29 de maio de 2007)

Violência

São meninos tornados homens cedo demais.
Sofreram, fugiram, choraram,
assumiram o lugar dos pais.
Tão pequenos e já respondendo por educações,
confusões, tantas funções na casa:
separar as brigas, retirar a mãe bêbada da calçada,
uma indignidade, tantas incumbências sobre os miúdos ombros.
Precoces decisões,
uma maldade pra quem ainda não está pronto não.
Tanta responsabilidade sobre os seus outros irmãos.
Tendo recebido nem metade
exigimos dele um inteiro cidadão.
Não, não aguento mais!
Os meninos pobres e pretos do Brasil,
são tornados homens cedo demais.

A compreensão do horror, ou o
ensaio de uma guerra

Assustou-nos.
De repente,
estrondoso som vindo do céu
interrompe bruscamente o silêncio da tarde quieta.
Ouvem-se motores, é um helicóptero,
parafernália voadora
e barulhosa passando rente.
Tira fino dos telhados,
manobra perigosamente entre árvores verdes no caminho azul.
Patos, cachorros mansos acordam incrédulos,
galinhas se apavoram,
crianças choram
e os olhos dos homens ao firmamento perguntam por quê.
Pode ser um milionário procurando pouso aqui,
enquanto exibe aos selvagens a engenhosa máquina,
mariposa gigante que não encontra entre os insetos um amigo
                                                    [sequer.
Ou vai ver quem voa ali é uma modelo, uma mulher,
caçando paisagem que prove ao mundo num só click
como ela ama a natureza.
não sei nada.
Estou há dias na roça da praia.
Corro também com medo, pavor.
Corro entre a poeira de areia fina sobre a estrada de vermelha terra.
Sentindo bambas as pernas,
o horror das perdas,

os traumas dos povos em guerra,
as dores dos homens em feras.
Os fantasmas de bombas e mísseis
vinham também com o barulho dos motores cortando ao meio
       [a serenidade da tarde de um lugarejo tão desprotegido
       [quanto tantas tribos por aí.
Pobres vietnamitas, pobres índios, pobres pretos, pobres judeus,
pobres árabes, pobres ciganos, pobres mestiços.
Vejo-os em desespero e inocência a correrem sinuosos e em cadeia.
Corro também.
Sou pequeno, senhor invasor.
Quero luz na noite,
clamo pela lua cheia.
O que voltou a ser silêncio é tenso.
Provei do medo das aldeias.

A herança ou o último quilombo

Devagar, persistente, sem parar,
caminho na estrada ancestral do bom homem.
Herdo sua coragem,
herdo a insistente dignidade
daquele que morreu lutando pela liberdade.
Caminho, me esquivo, driblo, esgrimo.
O inimigo é eficiente e ágil.
(Ninguém me disse que era fácil.)
Argumento, penso, faço,
debato no tatame diário.
Retruco, falo, insisto em toda parte no desmantelamento do
[ultraje.
Embora também delicada,
a força da emoção,
esta que nasce do coração,
não é frágil!
Sigo firme, ajo.
Por mim não passarão
com facilidade os que ainda creem na superioridade de uma etnia
[sobre a outra!
Por mim, pelo gume de minha palavra alta e rouca
não se sobreporão fascistas, nazistas, racistas, separatistas
qualquer ista, qualquer um que me tente calar, amordaçar minha
[boca.
Não mais haverá prisões,
ó grande nave louca,
para a minha palavra solta!

As irmãs

Quando a lua deste setembro partir,
estaremos na janela,
eu e ela.
As duas sorridentes,
cabelos inocentes
das duas meninas negras e de tranças.
Duas menininhas:
eu e a minha amiga esperança.

Poema de várzea

Me enternece ver um homem rezando pro seu time ganhar.
Mal sabe ele que deus não pode, neste caso, exatamente ajudar
está impedido de torcer. Proibido de cooperar.
É também juiz e interferir lá do céu é quase roubar.
Não importa se o jogo é do Flamengo, Botafogo,
Vasco, Grêmio, São Paulo, Bahia, sei lá.
Nem ao Corinthians que está na Bíblia,
Deus se permite ter poder de apoiar!
Não admite.
Mas é muito bonitinho ver homem com camisa de time,
meia de time, cueca de time, mochila de time,
todo pronto para ser campeão em todo o seu ser,
quando o seu time vencer.
Você vê, seu Jorge fez aniversário de mais de cinquenta,
comemorados lá no Encantado com boa música para rebolar.
Mas o bolo era temático: cobertura de gramado verde,
imperioso e menino sobre a toalha
nas cores branca verde e grená, dizendo viva ao Fluminense,
seu time de sempre escrito em glacê, que era pra ninguém duvidar!
Ficou mesmo de arrasar a obra-prima tricolor
que sua Raimunda acabara de confeitar.
Já vi torcedor apaixonado, de rubro-negro trajado, todo molhado,
debaixo de temporal no Maracanã no frio,
no frio tendo só a esperança pra se aquecer.
Você me pergunta: por que isso, pra quê?
Te digo: o certo é que um homem precisa pertencer

a grupos, bandos, a bandas, a escolas, a jongos, corais,
elencos, famílias, regiões, legiões, maltas, quadrilhas.
Bom quando é pela paz.

É coletivo de maravilhas quando junto
o conjunto homem brilha.
É preciso alcançar o arquipélago,
para que o sonho de um homem
não seja assunto de uma só de ilha.

Semelhante

Não tenho medo de andar com dinheiro,
nunca tive medo de andar de madrugada,
não tenho medo de estar acordada,
quando todos dormem.
Não tenho medo de arriscar meus acordes,
nem receio de errar um poema.
Sem problema.
Sou sempre um homem comum,
misturado aos demais.
Nas selvas dos esquemas,
sou sempre um homem nenhum
e por isso sou demais.
Sou bom quando sou parecido com o meu igual.
com o meu desconhecido.
Olhando distraído, eu sou normal.
Não tenho medo de ser brasileiro,
não tenho medo de andar no estrangeiro,
não tenho medo de pedir desculpas,
de aceitar minha culpa,
de aceitar outra razão,
sei dizer sim,
porque não tenho medo de
dizer não.
Sou sempre o mesmo homem comum
o mesmo animal.
Sou sempre o homem nenhum.
Tenho fome e isso não é mal.

Tenho desejo,
e isso é natural.
Sou seu igual
eu sou normal.
Se eu sou diferente,
e você é diferente,
não briguemos mais:
somos iguais.

Ouvi falar

É, moça,
tenho medo de não ver...
É perigoso!
Pelo que ouvi falar
posso tomar um veneno
pensando que é remédio,
posso ver detergente em frasco
que eu penso que é medicamento para tédio.
Ando num mundo que risca coisas nas ruas
e eu não vejo,
placas me anunciando perigos
que eu desobedeço porque não decifro.
Sei apenas que se está escrito
deve ser certo;
Errado sou eu,
bobo, que não decodifico
o mal nem a raiz,
o anúncio nem o aviso,
muito menos o que ele me diz.
Sigo coisas que vejo mas nem sei,
posso até, sem saber, desobedecer a lei.
Meu filho me leu uma carta
dizendo que sua madrasta queria voltar.
Mas sei lá,
será mesmo que ela quer?
Ou meu filho inventa essas frases pra me agradar?
Meu chefe me mostrou um papel

onde ele diz que ali diz que não tenho nada,
nenhum dinheiro pra me assegurar.
Será que é isso mesmo?
Ou eu não recebo o que o trabalho me dá?
O moço do ministério disse
que não tenho data pra me aposentar.
Será que ele é sincero?
Ou sou eu que não sei contar?
Ou todo esse inferno eterno de só trabalhar
tem outro inferno eterno pra fazer serão sem descansar?
É, moça,
quem é cego não tem escolha,
quem é cego tem que ver as coisas com os olhos dos outros,
do ponto de vista do outro.
E por não poder ver,
por ser cego da luz do saber,
não pode ser nem querer,
tem é que se deixar levar.
Decidir, nem pensar!
Tem sempre alguém pra dizer:
"Não tá vendo lá?
Tá dizendo aí: é proibido passar"
Às vezes desconfio mas obedeço, sei lá,
vou eu provar que não é?
Assim vou levando sem ver nada direito,
e ainda tendo uma família pra guiar.
Existe, é certo, um outro mundo,
um que eu deduzo
um que eu imagino
um que eu arrisco
e nem tenho firma pra afirmar.
Mas é o mundo que eu vejo,

tem cor esse mundo
tem cara
tem feição
tem cheiro
tem calor
tem beiço
tem palavra
tem dor
tem alegria
tem mágoa
mas se botar em livro,
quem sou eu pra adivinhar?
O moço do cartório,
quando eu ia me casar,
mostrou-me um documento,
perguntou se eu sabia assinar.
Fiz mais que um "x",
botei meu nome desenhado lá.
Riu de mim, eu vi, eu senti;
Depois me deu um papel pra ler;
eu fingi, eu menti, sussurrei baixo e nada,
como eu fazia de pequeno
pra na igreja com a bíblia rezar.
Sei soletrar,
você pode até me dar em separado
algumas palavras pra eu brincar,
mas se juntar tudo numa folha,
fico tonto, pra mim não dá.
É muita coisa pra encaixar!
Se o que vejo pode estar escrito
não sei como relacionar,
uma coisa é outra coisa,

e outra coisa é uma coisa
sem eu poder provar.
Sou cego, moça,
e por isso não gosto
daquele pano verde e amarelo,
daquela cortina esticada
nas ocasiões
que têm até banda militar.
Tenho ódio dela, moça
tripudia de mim, aquela,
metida que só ela.
Grandes coisas!
Hum... Bandeira Nacional, e daí,
se eu não sei o que está escrito nela?
É, moça,
é, professora,
eu sei lá se sou brasileiro...
Você vai me olhar e dizer:
"Não sabe se é brasileiro?
O senhor tá falando sério?
Ah, não acredito, duvido!"
Eu vou responder:
se sou, eu nunca vi.
Posso até ser brasileiro,
mas por enquanto
sou brasileiro de ouvido.

(8 de maio de 2003)

Poema ainda sem nome

a Chico César

Ele chega vento, pedra, fortaleza.
Móbile, inquietude, inquietador de certezas.
Aquele homem, suas clarezas, em tal rara beleza, quem é?
Qual um fósforo de cabeça acesa nos prioriza, neologiza,
embaralha, chacoalha e alquimiza palavras infinitas no sertão do
[olhar.
Com elas nos fita, castiga, mastiga
e tanto eletriza que chega a machucar até.
Vem pequeno, grande, fauno, imensurável gigante,
extraviado da tribo, por honra e glória da paixão.
Certeiro, gingador, Garrincha, tambor, Pelé!
Nos deixa alucinados, arrepiados de cabelos crespos e pelo em pé.
Pois é, vem brasileiro, montado no cavalo da ousadia,
brilha, sacode, alivia para bramir mais forte o chicote do que nos
[tange
em liras, rimas, flâmulas.
São chamas vivas que nos alegram no ponto onde o fogo desafia,
e que ele chama de manifesto reto mas é estado de poesia.
Oráculo de versos pendurado no encalço
como fio de contas, figas de Guiné.
Um mago imprevisível, forte, altivo, destemido,
ninguém imaginava que fosse inteiro e tribo como ele é.
Quem é?
Criativo, livre, líder, pigmeu, humano!
Híbrido de uma beleza criativa,

sagaz, nos pega de frente e por trás,
faz carinho em trocadilhos, e com seu casaco de vidrilhos
confunde a mente dos normais.
Com rajadas de palavras,
metade inventou a estrada voando sozinho,
sabe com é?
Sendo que a primeira metade percorreu
ao sol e a pé.
Pirilampo nordestino e Malcolm X,
imprevisível, desconcertante,
em claro instante é o verdadeiro antídoto de Zé mané.
Seu canto constante, cortante, fino,
fundo, como um berrante, o que grita nos domina,
nos faz brincantes, dançantes, pantomimas, sugere, impera,
ilumina ou seja, faz o que quer.
Faz deste arauto um palhaço tentando decifrar mistério
igual quando um homem tenta esmiuçar uma mulher.
Chegou, mudou o rumo das glórias e penas,
em alvenaria de culturas,
criou casas, palácios, tendas,
nos dá delícias, argumentos, cenas.
No que ama em Bárbara emoção é bárbaro:
entrega, romance, visagem, figura!
Preto, poeta, potente, escafandrista das misturas.
Cantor, nordestino, terráqueo, revolucionário.
Simples, erótico, imponente, ungido na cor do café.
Sem favor, nos dê licença:
respeite o homem,
pois eis o homem de Catolé!

Boletim

Queria não saber nada de Aritmética
para não contar os dias que não te vejo.
Errar na conta do que falta para você chegar.
Enquanto você não vem a aflição me inquieta
enquanto o medo me quer estática.
Cresci achando que as horas esperadas da vida
não tinham nada a ver com a Matemática!
Ando de bicicleta,
passeio pensando em você,
almejando te ver na lua minguante.
Eu, pousada no seu corpo firme,
nele me equilibrar, cair,
dançar, me perder, me espalhar;
fêmea e onírica.
E isso tudo pra mim
não tinha nada que ver com Física!
Oh, meu amor cujo trabalho é registrar o olhar
criar rastros de figuras com ele.
Enquanto eu fotografo de longe
em palavras,
quieta, serena, gótica.
Mas como é que eu iria saber que tudo isso
tem a ver com a Ótica?
Procuro palavras lindas,
vasculho meu repertório,
o dicionário que guarda os meus vernáculos,
enquanto a lua sobre tudo brilha e míngua.

Mas isso pra mim não tinha nada a ver com Línguas.
É certo que guardo o toque
do seu rosto no meu,
no meio da dança no salão.
Trago o cheiro, a dança, o tesão,
e o conjunto faz ferver um caldeirão em mim.
Pois tudo isso aciona em nós dois uma desenfreada alegria
[alquímica.
Mas quem deixou de me dizer que essa era a mais pura aula de
[Química?
Oh, meu amor quem me dera que existisses logo
para que eu pudesse te mostrar em detalhes
a atualização dos meus jardins.
Para que eu pudesse exibir-me prendada na terra,
moça de boas mãos,
cujos botões de rosas transplantadas na manhã de ontem,
me oferecem suas vermelhas, brancas e amarelas
pétalas abertas um só dia depois.
Queria mostrar-te, pois, estas belezas,
ensinar-te, amorosa, sua dinâmica.
Sem falar no mar, esta beleza Quântica!
Litorânea garota que sou, pertenço às suas ondas,
sou de sua Yemanjá
tenho livre acesso ao seu poder e à sua magia.
(Meu Deus, quem diria
que o mar faz parte da aula de Geografia?)
E tem mais, fui lá pra fora na varanda de minha alma
e no céu uma nuvem calma encobria a lua amarela,
mais nunca a minha caligrafia!
Céu, estrela, planeta e o sol dos dias,
quem romântico entenderia que isto fazia parte da aula de
[Astrologia?

É manhã nova.

O primeiro pensamento me alivia.

Está mais perto da hora e do dia de eu provar de novo do teu beijo,

da sua doce presença que tanto me acalma.

Como podes, com um simples enlace na minha cintura,

tumultuar meu sangue,

dar-lhe pressão máxima,

mudar-me da pele a temperatura?

Provocar-me, num átimo, uma renovação de células,

a doce Citologia.

Coração dispara, enlouquece, aquece, inebria.

Tudo se move em mim, mitos, mitocôndrias, seios, sulcos, rios,

uma verdadeira hidrografia de energia.

Como é que eu ia adivinhar que o seu corpo no meu já era aula

[de Biologia?

O que mais me atrai em ti,

pra além deste olhar de Copacabana,

e desta boca que enche de constelação o céu da minha,

é o seu caráter, meu homem,

a sua conduta certa, sua dignidade,

o jeito simples de olhar o mundo, pelas lentes da bondade,

de semear no escuro as suas certezas, sua claridade lírica.

Mas, meu Deus, quando eu era pequena,

não sabia que o nome da Ética era Moral e Cívica!

Se quiser me ver vai me encontrar, eu penso.

O dia segue ainda sem você no bojo, mas a possibilidade de te ver,

veja você, não é nada mítica,

Hoje sei que quem me garante tal esperança

é a lógica da Estatística

(Pera aí, mais foi só com uns beijos que sonhei isso tudo?

esse sujeito, este subjuntivo,

estes futuros, estas falácias?)

És tu o sujeito do meu melhor período!
Conjugas meus verbos,
envolvendo certo meus predicados.
Confio na Oração principal
que vai me levar ao colo de tua concreta delicadeza,
tua beleza prática.
Só, que ninguém me falou, meu amor, que isso entre nós era prova
[final de Gramática!
Quero viver este amor por todos os lados da alegria:
seus cubos,
seus quadrados,
seus triângulos superpostos, sobrepostos
nos ângulos do compasso e da magia.
Pera aí, passe a régua em mim, pois isso é que é Geometria!
Chega, meu amor, tenho o coração cansado.
Inscrevo palavras de amor em todas as faces do mesmo dado.
O amor é o tempero, o sal da vida, diz o ditado.
É essa matéria da vida:
veja bem uma dança, um beijo, um amasso na escada
tudo é coisa letiva da vida escalada:
as palavras doces ditas entre os degraus do jardim,
as velas acesas, como flores acesas
que brilham na toalha luminosa
da recentíssima memória.
Hoje entendo tudo:
e, para nossa glória,
nosso amor vai entrar para a História.

O sujeito e a coisa

Há pouco tempo descobri
que entre o sujeito e a coisa dá até pena da coisa.
Ora, a coisa é a coisa e por isto o é.
É coisa porque não tem ação.
É coisa porque não age,
não propulsiona,
não proporciona,
não intervém,
não muda o rumo
nem adianta o rumo de nada.
É coisa, por isso guarda,
por isso parada,
por isso aguarda.
Já o sujeito é o cara.
O que comanda o verbo,
o rei da tarefada.
Então se o sujeito resolve que vai fazer aquela coisa
e põe todo o seu exército de desejos,
toda sua fileira de vontades a este serviço,
se o sujeito se incumbe, seriamente,
de seu compromisso de fazer a coisa,
de incidir sobre ela,
de moldá-la a seu gosto e critério,
está este sujeito no lugar certo.
No seu particular império.
Arranca, desprende o abstrato

do seu conceito de inacontecido
e gera o fato.
Isso é gramático.
Não fui eu quem inventei.
O sujeito é o dono do verbo.
O verbo é o senhor da ação.
Se o sujeito se voltar para ela,
para o seu acontecimento,
para o único motivo de sua oração,
razão pela qual a paz da obra no coração repousa,
ah... coitada da coisa!

Melhor que o leão?

Para isso fez-se o altar,
para que haja um lugar
no qual o homem possa desabar,
no qual o homem
se ajoelhe,
se renda,
se diminua,
se dobre,
se recolha em grão.
Imprescindível que haja
um templo de perdão
onde o homem se curve.

Foi preciso inventar o altíssimo
pra que o homem recue
pra que o homem
se detenha,
se coletivize,
se situe.
Foi preciso inventar Deus
para que abaixasse uma vez a cabeça para o céu,
o homem, verdadeiro rei da selva cruel.

O carteiro alado

Levanta as saias das meninas,
das cortinas...
Ousado, bate porta, abre janelas.
Manda desmanda determina,
destemido, focado e forte.
É Pituarã, o vento índio do norte!
Muda as estações,
aciona tudo o que se move,
traz a coragem como sorte,
sopra transformando a cena.
Cada pensamento novo,
cada novo poema,
tem desse vento a asa
para bater em revoada a favor
das transformações.
Lá vem Pituarã,
ele chega ele gira ele dança.
Não se pode ver sua cara
mas conheço a sua lança.
É assim, grande,
e é também curumim.
Corre alegre,
vai por aí, criança.
É encantado, imprevisível
e de total confiança.
Traz primoroso pra mim
suas cartas apaixonadas,

os poemas de esperança e calor,
o rico diário de nossas lembranças.
Faz um verdadeiro alvoroço
de amor e poder nos nossos sentidos.
Ágil, corajoso, inquieto e quase nunca se cansa.
É Pituarã, o índio vento da mudança.

Pré-requisito

O sonho requer coragem para segui-lo.
É o enigma da esfinge de cada um e devora mesmo,
mesmo a esse nenhum que somos
quando nos desconhecemos,
quando não nos consideramos,
quando não nos vemos.
Então, o sonho,
o eu traído, verdade corneada pelo medo,
traça-nos um enredo de só contrários.
Tudo que fazemos, não sendo por ele,
para ele ou em nome dele,
é adversário.

O ilusionista

Descobri que o medo
é grande invencionista!
Diminui nossas defesas,
nossa coragem afasta,
põe altos monstros nas cabeceiras,
aumenta nossos fantasmas,
produz doenças, paranoias, asma.
O medo nos imagina atirados
por nós mesmos das alturas dos edifícios,
nos ameaça com abismos antecipa e cria precipícios.
Pais e mães imaginam mortos seus filhos,
e depois o mesmo medo nos açoita pelo horror de termos pensado
[isso.
Amantes deliram requintadas cenas de flagrantes traições
temendo o avesso dos desejos,
cria posses, invenções, ciúmes, o grande ficcionista.
Enquanto segura nossas pernas,
põe nossos olhos fixos só no risco de, talvez, perder o que
[conhecemos
e não nos deixa ver o que se pode ganhar com o que
[desconhecemos.
O medo cega nossos olhos para o triunfo,
desabastece o futuro de nossa astúcia,
tira do amanhã o poder de nossa vontade,
a força de nossa luta.
O medo é uma deficiência física,
nos paralisa.

E mesmo completo e ágil de membros
sua vítima não se move
não sai de casa
não anda com ele
na rua de mãos dadas.
O medo age por dentro.
É uma furada.
Medica nosso ímpeto,
enfraquece nossa coragem,
anestesia a nossa determinação.
Tudo parece maior e nos ameaça.
O medo afirma que é só frágil a vida
e há apenas perigo onde a gente arrisca.
Mas é mentira do medo.
Ele mente enquanto nos adia.
Envolve em aparente tela fina de cacos de vidro
cada batalha do sonho,
para que não vejamos pela vidraça
a beleza do que buscamos.
O medo espalha, sobre a possibilidade da glória,
muita fumaça.
E nos prende
à casa,
ao outro
ao nada.
Muitas vezes
janelas paredes e portas
que parecem nos proteger nos detêm,
nos apodrecem e consomem.
A grande fobia
pega o pequeno temor,

com ele nos alimenta enquanto nos faz de iscas.
É um meticuloso mágico,
um impostor e também um artista.
Já disse e vou repetir:
o medo é grande ilusionista!

Carta negra ou o sol é para todos

"O tempero do mar foi lágrima de preto."
Emicida

A realidade grita assim:
quem dá mil vezes mais chances para os brancos que para os
[pretos?

A televisão.
As empresas.
Os poderes.
Podres e não.
Quem trai até hoje os abolicionistas,
quem dissemina e aprimora a obra da escravidão?
Quem deixa o ator negro morrer sem
fazer grandes papéis?
Quem não deixa ter papa negro?
Quem, na Bahia ou no Rio de Janeiro,
barra o preto pobre no cordão?
Quem veta?
Quem despreza?
Quem mantém o branco domínio nas pequenas ações
à custa ainda de tanta opressão?
O menino preto queria ser engenheiro
mas o policial o mata primeiro.
Não tem apartheid?
Mas sabemos onde estão
cada uma desta etnias,
onde encontrá-las entre a injustiça e seus pavios!

Estou cansada.
Estamos.
Pois ainda há quem
não veja nada:
O repórter do carnaval da TV
não vê que eu vi ele dizer:
"vale ressaltar a influência do negro no samba."
Ô, meu Deus, minha alma está bamba,
alguém ainda ignora que foi o próprio negro quem criou o samba?
É dura a capa da revista,
a atriz loura é a "mulata" do mais famoso colunista!
Queria que quem continuasse a mandar nas escolas de samba
fossem os heróis da comunidade para os quais a avenida é tudo!

Trocando em miúdos,
depois do genocídio de índios,
seguido de quatro séculos de crudelíssima negra escravidão
provou-se o irreversível dessas primeiras asneiras,
pois ainda com elas matamos a justiça do presente e do futuro.
Uma danosa doideira,
com a obra das escravidões
rasga-se a bandeira brasileira.

Déjà-vu

Ainda
o homem matando a mulher
ainda o homem esculachando a
mulher
Ainda o homem espancando
Estuprando
Violentando
Arrombando
a casa que toda mulher é.

Não pensava que as velhas dores
seriam ainda dores do século 21.

É tarde da hora.
Não me sai da cabeça a hematômica e sangrenta imagem da mulher
                        [assassinada pelo ex-marido que disse,
com a naturalidade de quem diz amém:
Se você não quer ser minha
não vai ser mais de ninguém.

Filhos, vizinhos, parentes, amigos.
Tudo chora.
Sabemos o que há e o que houve:
Woman is the negger of the world!

O trem

Coragem:
esta espécie de sentimento,
este equipamento, esta qualidade, este conhecimento.
Reconheço-a desde pequena
quando minha coragem era ainda sapeca menina que não parava
[quieta,
antes de ser jovem ainda, quando só desobedecer já dava gosto
[e nome
às primeiras pequenas revoluções.
Se a coragem em nós não morrer,
seu pé nunca para de dar cachos.
E tem coragem de tudo quanto é tamanho
dando desta árvore a vida inteira, eu acho.
Só que às vezes vem como um vento,
um trem que passa,
um trem que ultrapassa rápido,
dependia só de um impulso, um movimento...
mas cadê coragem naquele
ex-ato momento?
Tal qual o medo,
pode ser efêmero, mas enquanto exerce o seu paralisante domínio,
contra ele não dispomos na hora de bons argumentos.
No entanto seguimos juntas!
Ainda na juventude da minha coragem,
investiguei freiras do Colégio, procurei pecados e contradições
em seus mistérios,
espionei clausuras,

e flagrei inferninhos ali,
vendo minha coragem gostar da lição.
Fui expulsa pelos pais
da Escolinha em que dava aulas
porque ensinei natureza e verdades naturais às criancinhas do pré.
Depois, em outros labutares,
disse coisas diretas e antiopressivas
que não se diz a um chefe.
Antes, em casa,
questionei meu pai quando em rara vez,
bramiu seu chicote contra minha inquieta adolescência
e perguntei, no meio da ação
a este democrata revolucionário,
do grupo dos onze,
se era com a força que ele que pretendia combater uma ideia?
Usei suas palavras como antídoto.
Contra sua própria incoerência
e insensatez atirei seu bordão.
E o cinto ficou parado no ar.
O som do seu próprio aforisma regressando como um dardo
que retorna à pista de onde decolou.
Foi quando guardou o açoite, me abraçou me abençoando
                                        [emocionado
reconhecendo o fruto:
"foi a mim que você puxou."

Na juventude de minha coragem muita gente se espantou.
Eu já não cabia na minha cidade
e em seu galope,
a mesma coragem de lá me tirou.
A poeira do mundo,
a via láctea de outras ondas me chamava e me nutria de forças

268

pra um dia levar comigo meu filho
a um seguro caminho sonhador.
Minha coragem batia porteiras
rebentava tramelas,
estabanada, pernas riscadas
pelos gumes dos matos.
Mesmo menina
foi sempre grande
a minha coragem.
De fato, era sabida,
ninguém dizia que tinha
ainda tal tenra idade.
Pelo que dizia,
desconcertava a muitos
com o seu à vontade.
Lembro do quanto eu queria!
Doía no corpo o meu querer.
Diz Adélia:
As outras meninas bailavam.
Eu estacava querendo e só de querer vivi.
Meu coraçãozinho também era assim,
estufado ali, cheio de querências e quimeras, cabendo nele
                                    [apinhados,
minhas ideias de mundo, mais os sonhos, mais as poesias
                                    [memorizadas,
mais as vozes de outros poetas em mim, mais o pote inesgotável
                                    [do desejo,
mesmo quando nem conhecia o sexual.
Meu coração entumecido de amor, tendo ele descoberto na
                                    [sequência,
se deleitou: faculdades, ervas
esplendores, indecências,

novas descobertas.
E, no mesmo coração miúdo e espichado,
inda havia espaço para minha robusta coragem e seu vigor.
Nunca parou de se renovar,
de me transformar,
de me fazer ser cada vez mais
quem eu sou.
Porque sabe me proteger
ela nunca me deixou.

É isso mesmo que você está vendo.
Estou fazendo uma homenagem,
meu senhor.
É para minha coragem
este poema de amor.

Só de sacanagem

Meu coração está aos pulos!
Quantas vezes minha esperança será posta à prova?
Por quantas provas terá ela ainda que passar?
Tudo isso que está aí no ar,
malas e cuecas que voam entupidas de dinheiro,
do meu dinheiro que reservo duramente
para educar os meninos mais pobres que eu,
para cuidar gratuitamente da saúde deles e dos seus pais,
esse dinheiro viaja na bagagem da impunidade e eu não posso mais.
Quantas vezes, meu amigo, meu rapaz,
minha confiança vai ser posta à prova?
Quantas vezes minha esperança vai esperar no cais?
É certo que tempos difíceis existem para aperfeiçoar o aprendiz,
mas não é certo que a mentira de maus brasileiros venha quebrar
                                        [no nosso nariz.
Meu coração está no escuro.
A luz é simples, regada ao conselho simples de meu pai,
minha mãe, minha avó e os justos que os precederam:
Não roubarás, Devolva o lápis do coleguinha,
Esse apontador não é seu, minha filhinha.
Ao invés disso, tanta coisa torpe e estúpida tenho tido que escutar,
até *habeas corpus* preventivo,
coisa da qual nunca tinha visto falar e sobre a qual minha pobre
                                        [lógica ainda insiste:
esse é o tipo de benefício que só ao culpado interessará.
Pois bem, se mexeram comigo,
com a velha e fiel fé do meu povo sofrido,

271

então eu vou sacanear: mais honesta ainda vou ficar.

Só de sacanagem!

Dirão: *deixa de ser boba, desde Cabral que aqui todo o mundo*

[rouba

e eu vou dizer:

não importa, será esse o meu carnaval,

vou confiar mais e mais e outra vez.

Eu, meu irmão, meu filho, meu amor e meus amigos

vamos pagar limpo a quem a gente deve e receber limpo do nosso

[freguês.

Com o tempo a gente consegue ser livre, ético e o escambau!

Dirão: *é inútil, todo mundo aqui é corrupto,*

desde o primeiro homem que veio de Portugal.

Eu direi: Não admito, minha esperança é imortal, ouviram?

Eu repito: IMORTAL!

Sei que não dá pra mudar o começo,

mas, se a gente quiser, vai dar pra mudar o final!

Última moda

Esta roupa não me serve
aquele uniforme não me cai bem
não quero essas regras
não mereço
não quero essas formas
essas ordens
essas normas
esses panfletos
o que pode ser dito
o que não deve ser falado
o importante não dito
o que deve ser feio
o que pode ser bonito.
Algemas nas correntes estéticas
não me interessam
não quero esses boletos
essas etiquetas
esses preços
esses compromissos.
Não tenho código de barras
não tenho marcas
comportamento,
não caibo nestas caixas
nestas definições
nestas prateleiras.
Quero andar na vida
sendo a vida pra mim

o que é para o índio a natureza.
Assim voo, pedalando solta
na estrada do rio da beleza
nos mares da liberdade alcançada, essa grandeza.
Em tal grandeza meu corpo flutua...
Nos mares doces e nas difíceis águas da vida crua,
minha alegria prossegue, continua.

Despida de armas e de medos
sou mais bonita nua.

IX

Cartas no jardim

"*Uma coisa é plantar, outra coisa é colher,*
colheita é receber.
Plantio é dar.
Não deixe que sua pressa de colher
estrague o seu momento de plantar."

Geir de Campos

"*O cavalo no vale.*
E mais além
o meu olhar mais verde do que o vale
e claro de esperança
e querer bem
...
Espero que a paisagem desta tarde
Adormeça.
O cavalo no vale
o vento no capim
os roseirais em mim"

Hilda Hilst

Jardim do palácio

Aqui, rente ao meu pé,
beirando a cerquinha de *Manjericão dos Justos*,
desponta um pezinho lindo de *Amor Perfeito*.
Ao lado, uma mudinha de *Mamãe Eu Quero*,
já crescida e luminosa que só.
Mais à esquerda, uma carreira de *Monsenhores Africanos*,
perfumosos demais,
sem contar o *Merijerinho Selvagem*
todo brotado em flor com seu cheirinho de hortelã,
suas finas hastes,
sendo ele forte como quê!
As fileirinhas harmoniosas de *Saudade Lilás*
se misturam aos róseos dos pés de *Beijos*,
ao rendado das *Samambaias Choronas*
contrastando com os amarelos luminosos
dos graciosos *Ipês* enlaçados às trepadeiras *Alamandras*,
que alcançam até a parte alta da varanda,
de onde se pode ver o paisagismo natural
em que brilham e rebrilham o ano inteiro
os exuberantes pés de *Desejo em Pétalas*.

Na parte da frente, a moldura do portão é toda enfeitada
de *Amor em Penca, Delírio do Brejo, Sonho de Menina, Boquinha
[d'Ouro,*
e mais, *Rosa Encantada, Margarida Sapeca,*
Espinho da Coragem e *Sorriso de Maria* anunciando a entrada.
Logo adiante, sobre o caramanchão

no qual se debruça a arvorinha *Brinco de Princesa*
com seu mel,
exatamente em frente,
impera a touceira de *Comigo Ninguém Pode*
como uma das mais antigas habitantes do fértil solo.

Ao fundo, na parte onde mais chove
porque é ali que choro,
plantei *Lágrimas de Nossa Senhora*,
e já estão na água para pegar raiz
dois galhinhos de *Seca Pranto*.

Como uma espécie de *Maria Sem Vergonha*
de toda cor e tamanho,
espalhada por todo o terreno, reina a miudinha e eterna
Esperança Nunca Morre.
Um conjunto delas exubera:
lindas, altas, magras, coloridas!
Tal qual bambus,
se curvam até o chão ao sabor da fúria do vento,
e não se quebram jamais!
Mesmo se as dobrarmos ao meio,
ainda assim resistem e dão em qualquer lugar.
Esperança Nunca Morre
é planta que nunca para de pegar e de outras filhas gerar.
Mas o que não gosto de deixar brotar de jeito nenhum
e nem quero semear é:
Guerra do Mato, Culpa em Ramos, Medo que não Dorme,
Maria Discórdia, Ódio em Metro e *Tinhorão do Arrependimento.*
Prefiro *Mimo do Papai, Erva Doce, Abraça Eu, Senta Aqui,*
Perdão de Moça, Dália do Bom Momento e *Capim Santo.*
De *Deus me Livre* finquei um galho em cada canto,

confiando também à *Aroeira* e à *Desmancha Quebranto,*
a saúde do mistério do lugar.
Dizem que é bom espalhar pela terra
pitadas do pólen de *Ternurinha Roxa* para afastar
as pragas daninhas,
os ressentimentos,
as mesquinhariazinhas.

Ai ai...

Olhando daqui, sentindo o cheiro delicioso
do que há de verde, de vivo e de poesia ali,
observando o desenvolvimento, em qualquer estação,
dos *Pés de Versos,*
dos *Cachinhos de Rimas,* entre as fileiras de *Bênçãos de Alecrim,*
o que espio está dentro de mim,
no território do meu coração,
que é meu primeiro jardim.

(22 de setembro de 2015)

Jardim híbrido

Este jardim dessemelhante,
de folhagem e flores desiguais,
dissonantes, complementares e
consoantes da mesma música mestiça da vida,
me comove!
Ah, me ensina, mato,
me ensina a genealogia do mundo,
com seus tambores particulares...
Ó mato, mato,
no fundo eu me gasto em traduzir-te,
ó colosso!
Ó formidável xaxim que subsidia
e abriga as raízes de minha alma,
canteira-me, eu vos peço,
orna minhas margens,
enfeita de árvores as estradas dos meus limites,
sombreia meus acostamentos.
Este jardim povoado de mãos e experiências
me conduz gentilmente
à intimidade com a terra
e eu aprendiz.
Ele me expõe às estrelas
e é o hall do meu quarto,
a varanda de minha vida.
Aproveito nele muito o céu que tenho.
Perambulo livre e nua pelos
tapetes vivos de sua privacidade.

Toda nudez e algumas havaianas nos pés
garantem o secreto incólume
da solitária paisagem. A reservada cena.

Te amo, meu jardim,
verdade de misteriosas metades e metáfora inteira
plantada nos melindres do gosto.
Aula de muita responsabilidade pra mim.
Mas mesmo assim vos digo:
se espalha com vontade,
que o jardineiro sou eu,
sou eu, meu amor!
Sou eu nua tendo ideias de mudas e podas.
Se espalha com serenidade e sem reservas,
sem economia de seus espalhares
que o jardineiro sou eu!

Amanhecerá, e em lugar das estrelas
numa mudança impecável de cenários,
estará o azul de fundo
e o rei sol no quesito brilho.
O jardim amanhecerá mutantemente invisível e diverso.
Vai, aproveita a liberdade da caneta, Jardim.
O jardim, o meu jardim de verso.
O jardim escuta e eu não desconverso.
Ó jardim de verão que no calor me dourou,
ó jardim de inverno que no frio me aqueceu,
me escuta, meu amor,
seu jardineiro sou eu!

(Sacopã, noite alta,
17 de abril de 2007)

Jardim absoluto

Diante de ti e exposta à tua contemplação,
recebo lições que equivalem a viajar o mundo inteiro
de repente e a falar mil línguas fluentemente.
Interagir com a aula é a prova.
Muda e silenciosa sua floração,
calado é o seu crescimento,
mas, pra mim, são tambores de fevereiro
batendo forte no couro do pensamento.
Meu jardim eloquente, cruzeiro, viagem, absoluto evento
(é jardim como de toda a gente, mas só por ser meu é um jardim
                                                    [diferente).
Está tudo aqui:
o trabalho do sol,
o ofício clarioso da luz,
seu tear didático e inconsútil
no sofisticado cinema simples da fotossíntese.
É fotografia do mundo quando em paz,
é sua definição, sua possível síntese.
Há em ti todos os representantes da vida:
os quatro elementos, sua loucura,
seus divinos ventos,
a silenciosa persistência das raízes,
a fina firmeza das hastes.
O resultado cromático pronunciado em pétalas,
tudo confirmando a nossa humana bravura no tempo.
E por cima desse tudo
está a estação lírica do meu contentamento.

Escrevo o que vejo acontecer por debaixo da terra
de acordo com a palestra estética e ética desta brotação.
Verde, verde, verde,
te amo, meu jardim absoluto!
Te levarei comigo inteiro,
retrato três por quatro amarelado,
vivo e oculto dentro da carteira,
guardado como concreta subjetividade querida,
na algibeira traseira da calça comprida de minha vida!!

Namoro no jardim

Quando comprei a roseira,
Fátima, a florista, me disse:
chegaram agora e não sei que cor esta é.
Eu a quis assim mesmo.
Veja só: se a rosa me surpreende até quando já sei a cor,
que dirá assim na sorte!
É bom que aumenta o suspense do seu teatro maravilhoso,
exposto ao tempo, ao vento, às canções,
aos jardins, aos poemas e aos amores dentro dos séculos.
Como estou sem o coração aberto do meu amor e esta espera no peito,
não fosse a expectativa dessa roseira,
minha esperança estaria sem sonho esta noite.
Olho o botão. Estou pelada, nuinha da Silva no jardim.
Avencas, hortelãs, orquídeas, coentros, cidreiras,
uma palmeira, comigo-ninguém-pode, lírios,
marias-sem-vergonha, begônias, azaleias, dólares,
arrudas e tapetes, tudo aqui sabe que eu te quero diferente hoje,
meu botão misterioso!
Arrisco pensar que você é embrião de uma rosa-chá,
ou talvez, quem saberá, o coração — o ovo de uma rosa branca.
Minha alma agora almeja
uma rosa vermelha,
mas ela está na condição de só aceitar a natureza das coisas.
A natureza de amar esse botão e sua incógnita cor.
Adorar o seu segredo delicado...
Este botão de rosa, eu nua na varanda que é jardim reservado,
ah, este botão é que é agora meu namorado!

(Rio de Janeiro, 29 de janeiro de 2007)

Jardim secreto

Te espero no meu jardim,
mas não diga nada.
A hora é aquela combinada
e as flores já estão informadas
de que nem os beija-flores saberão.
Te espero no jardim, não fale nada.
A hora é aquela acertada
e as folhas já estão avisadas de que
os intrusos não saberão.
Preparo a terra,
faço serão,
espanto lagarta e formigão,
uso pistas falsas
pra enganar curiosos de ocasião.

Te espero no jardim, não pense nada.
A hora é aquela madrugada e
até as ervas já estão comunicadas
de que nem os ventos saberão.
Com a paciência de uma estação,
te espero no jardim.
Em conversa franca com a primavera,
tive certeza da validade da minha espera.
Conversa essa combinada em prosa com o verão.

Te espero no nosso jardim.

Chegarás sorrateiro e sem pressa entre os alecrins.
Beijarei sua boca.
E aí,
não mais falarei por mim.

(Sacopã, noite alta,
17 de abril de 2007)

Visagem

Como que diante de uma miragem,
veio de dentro de um olhar de arregalo
para olhar fundo dentro dos meus,
e se apresentar perguntando:
quem é você?
Uma flor, uma menina, uma entidade?
Talvez fosse o que eu fosse responder.
Ah, talvez ainda eu acrescentasse
uma camada de óbvio:
ora, sou uma mulher.
E foi o que eu disse, sem falar nada.
Me beijou devagar.
Partiu depois de se calar.
Pude ouvir ainda o som do seu galope,
o clamor.

Dos séculos que nos separam
mandou-me uma carta de amor.

Mascarado do jardim

Estão te esperando as roseiras,
não eu.
Sou o coxo de avental sujo
no jardim das palavras.
Sou o jardineiro mudo
nos invernos eróticos dos conventos.
Sou a invisível brisa, meu amor,
sou o vento.

Naturalmente vivo e,
me fingindo de natureza-morta,
estou no estampado das hortas,
dentro da moldura possível do seu olhar.

Vamos lá.

Estão te esperando as roseiras,
não eu.
Minhas mãos estão ocupadas em preparar a terra,
em abrir clareiras para a festa da luz nas folhas e
humildemente facilitar o trabalho do sol nelas.
Só isso.
Sem ansiedades, sem ânsia de compromissos,
o secreto amor que sinto
é hoje o omisso,
o escondido mascarado do mato,
mimetizado em ramos.

Nada saberás de quem em mim
ardentemente te espera,
amor meu,
mas é seguro que estão te esperando
as minhas roseiras, juro.
Não eu.

(Rio de Janeiro, 21 de maio de 2007)

Natureza da espera

É lindo o meu jardim!
Todo mundo ali tem seu tempo de reinado.
Maio fica por conta dos cheirosos lírios brancos
a dar raridade à história dos jardins caseiros,
com especial louvor para jardim de apartamento
tipo casa feito o meu.
As surpreendentes, inesperadas avencas são um luxo tão
                              [imprevisível,
visto que essas não plantei.
São plantadas a seu gosto e desejo,
semeadas pelas invisíveis mãos do vento.
As difíceis avencas coadjuvam tudo com uma humildade tão
                              [soberana,
que jamais deixam de reinar.
Tímidas e voluntariosas, as roseiras se reservam
ao direito de longos períodos sem brotar.
Têm dinastia e meu coração só sabe a elas aqui obedecer,
regar com parcimônia e esperar.
Maria-sem-vergonha é toda hora que dá.
Se revezam cores matizes eternamente, garantindo o florido do
                              [lugar.
Seu toque é tão sofisticado e digno.
Sua presença é tão popular que eu prefiro não comentar.
Restam os guardiões de sempre:
a herança de Zulmira no precioso manacá,
os hibiscos coloridos, os comigo-ninguém-pode,
eternos protetores do lar.

Sem falar nas ervas de cura e tempero,
que conferem perfume de horta a este verde altar.
O que falta a esse jardim não é de plantar.
É o príncipe com seu violão a tocar, a emanar a declaração,
a serenata e a boca de cantar e beijar.

A natureza do que falta nesse meu jardim
não depende de mim.
Sua espécie tem natureza de chegar.

(31 de maio de 2009)

O que brota da caneta

Não fosse você, Vítor,
o que seria deste jardim?
O que seria desta espera de serenatas,
o que seria das canções,
ai, o que seria de mim?
Igual a você,
também chego em casa exausta
do trabalho, quase todo dia.
Você vai pra fábrica, pro galpão,
para a vida e seu encalço.
Eu vou pra coxia
saio vestida, salto alto.
Você vai pro atelier
e eu para o palco.
E quase todo dia
volto tendo ideias de amor,
conversa e cama.
Tipo mão e luva,
tipo dia de frio e chuva
e mais o calor da gente dentro da cabana.

Ah, não fosse você, Vítor,
o que seria deste meu doido e solitário ir e vir?
Por isso te escrevo e escrevo para você existir.

(11 de junho de 2007)

Soneto da estação

Cem juras de amor eu queria agora.
Não cales, amor, que assim teus lábios me matam!
Sem juras de amor eu morreria sem demora,
não fosse esplendoroso o que os amantes relatam.

Ainda que constem nas horas
o atestado das dores,
ainda assim, não morro agora
porque estou na muda das cores.

Cem juras de amor eu faria agora
em seu nome, amor,
ai, assim teus olhos me bastam.
Mil juras de amor aceitaria,
embora eu saiba das dores
às quais os amantes não escapam.

Ainda que ocorra nas orlas
o inexplicável dos amores,
ainda assim, meu soneto parte e chega aonde mora
porque estou na estação das flores.

(Itaúnas,
6 de outubro ou nada de 2007)

Céu do meu jardim

No jardim dos dias
e nos bosques das noites claras
muito do sonho segue seu rumo, e é tão lindo o desejo que se
[declara.
Me aprumo para ouvir o tambor do teu peito e é do lado esquerdo
[que ecoa e soa em minha alma que, embora simples, não
[teme alegorias.
Minha alma quer as palavras, a vida,
menestrel e maestria com seus confeitos, suas iluminações.
Guardo agora em minha caixa de frases-emoções,
mais uma das suas, ou melhor, duas:
me abraça, me disse, oferecendo-me o indefeso dorso daquela hora.
Abracei e fiquei ali agarrada na árvore daquele agora,
daquele tronco,
na noite sem hora,
eu jabuticaba, goiaba, amora.

A outra oração se deu no happy end dos corpos na linha de chegada
[da dança do amor em que gritou baixinho: *vou chegar*
[*ao céu,*
estou chegando ao céu, chegueeei!
E tudo parou quando meu ouvido escutou do céu seu abafado grito.
Ai, como eu sonhei escutar isso
como almejei para o real,
tal momento tão fundo, precioso e incontido.
Se deu no jardim dos dias bonitos
e nos bosques das noites claras
onde a sua voz gozou no infinito.

Dois silêncios

Mudo é o rio.
Corre, sobe e desce sinuoso
seu percurso determinado de correnteza
e me esclarece.

Mudo é o jardim.
Brota, cresce e tece silencioso
seu discurso iluminado de beleza
e me floresce.

(16 de abril de 2007)

Flores palavras

Porque é garantida guardiã da beleza em pétalas,
há sempre uma rosa florindo em meu jardim.
Rosas revezam-se.
Plantadas em épocas diferentes, suas florações são particulares.
Vermelha, amarela, chá e outros tons resplandecem em suas
                                                    [qualidades.
Agora, uma linda, cheia, branca e toda petalhuda,
reluz com suas inúmeras asinhas
desenhando a redonda forma, cheirosa que só!
É perfume em penca.
Para mim é fortuna.
Ouro em pó.

Um jardim se transforma sempre.
Não para.
É feito pelo homem e para o homem, diz Burle Marx.
Um jardim é para todos,
e também para quem o prepara, digo eu.

Penso o mesmo das palavras:
nascidas de uma criatura para outra,
a ninguém mais interessa.
É feita pelo homem e para o homem,
O olhar de Susan Sontag esclarece que
os escritores são os guardiões da linguagem.
Por isso cultivo rosas e palavras sem fim,
guardando verdades em forma de imagem, assim.
É que no infinito território das narrativas,
é de cartas o meu jardim.

Livro segundo

O livro do desejo

Para H.

Dedico este livro à deliciosa sensibilidade masculina. Quando dizem do homem bom, emocionalmente falando, "este tem o lado feminino desenvolvido", eu protesto. Estou nas ruas em passeata pela liberdade da emoção do homem.

AGRADECIMENTO ÚNICO E INTRANSFERÍVEL

Brincou comigo, contou-me histórias bem inventadas, citava lindos pensamentos em latim, me criou bonita de coração colorido de esperança, pintou o meu mundo com a saúde dos ideais no bem coletivo, me deu palavras para que com elas eu me defendesse, amasse, me protegesse e ainda me insurgisse contra as guerras do mundo. O grande homem, meu pai, Lino Santos Gomes.

"Se eu disser que o desejo é Eternidade
porque o instante arde interminável,
deverias crer?
E se não for verdade,
tantos o disseram que talvez possa ser."

Hilda Hilst

I

O lobo

"Perguntei ao desejo: o que és?
Lava, depois pó, depois nada."

Hilda Hilst

O ser

Chegou pela primeira vez
no inverno,
como se fosse um pedido meu.
Trouxe o melhor vinho.
Safra e uva ele mesmo escolheu.
Me beijou como se me sonhasse,
me comeu como se voltasse,
me aconchegou na cama
como se me amasse.
Digno. Bonito. Lógico. Inexato
Conversador. Silencioso
Firme e terno.
Dorme tranquilo ao meu lado.
Como se fôssemos eternos.

Quenomequetem?

Alguma coisa acontece no meu peito
um susto agradável
uma alegria levada da breca
quando ele me olha desse jeito
e me chama de boneca

Nossas palavras cheias de sentido,
          [rimos muito divertido,
mas ele não é só meu amigo.
Dorme gostoso comigo
mas também não é meu marido.
Passamos noites ardentes em claro,
mas também não é meu namorado.
Um fogo entre nós genial, retumbante,
tampouco é só amante.

Posto que o que somos não tem nome,
o que é que eu sei?

Sei que gosto
quando ele me olha.
Adoro quando ele me beija,
quando ele me colhe,
quando ele me pega,
este homem.
Adoro quando ele me come.

(Rio de junho de lua beirando a cheia)

Turva claridade

Te agradeço por teres surgido
do mesmo lugar onde sempre estivestes
para ser subitamente aquele príncipe dos meus desejos!
Me levou pela mão pela paisagem inventada
desenho de giz de cera sobre a estrada,
eu andando encantada,
a acreditar na enxurrada de palavras
que nos uniram no paraíso.

Tudo era pra mim realidade
mesmo o que era perdido.
Eu andando inebriada
a crer na cachoeira de palavras
que nos marcaram no paraíso.
Tudo pra mim era verdade
tudo fazia sentido.
Mesmo o que era calado,
mesmo o que era impreciso.

Sorria, você está sendo olhado

Até o teu olhar que eu amo
desaparece quando teu sorriso chega.
Grande, largo, luminoso como o mar,
teu sorriso enche de vida teu rosto,
apaga do teu olhar a doce tristeza.

Até o teu olhar que eu amo desaparece quando o teu sorriso chega.
É um bálsamo no planeta de tua cara,
um tipo de lua cheia,
uma realeza,
uma espécie de luz acesa.
Céu de clarezas
quando o teu sorriso estrela.

Capetice

Amanheço atenta:
aquele ali porque tem belos olhos,
o outro porque é alto e magro,
o moreno porque é baixinho e calvo,
o caboclo porque é sequinho e despojado,
o louro porque tem cara de safado,
o gordinho porque parece macio,
o negão porque é tesudo e ousado,
o feioso-charmoso porque parece dedicado,
o branquelo porque tem boa voz,
o ruivo porque é gostoso,
o pretinho por causa da pegada.
Cada um com uma pitada de cidadão da melhor qualidade

Pois é, logo hoje no dia do amigo,
amanheci com os olhos cheios de maldade.

A exposição

Durante a palestra deixei cair o livro
e de dentro dele as fotos.
Íntimas demais.
Fiquei sem graça.
Que vergonha, meu Deus!
Tímida, exposta,
recolhi-as rápido do chão,
para que não vissem o retrato do brilho do teu olhar inteiro,
todo penetrado no meu.
Intenso.
A foto da palavra nuinha na sua boca,
o teor do seu sorriso estupendo.
Tudo dava pra ver,
pois tudo estava acontecendo.
Porque pra quem sabe ler,
dava pra ver o obsceno.

O Deus

Um homem lindo gostoso elegante popular inteligente
desses de mudar o rumo da gente
desses de esquina do mundo
esquinas da vida
desses que a pessoa humana até duvida.
Desses que a gente vai perguntar sempre:
e se eu tivesse ido pelo lado oposto?
E se eu não tivesse vestido aquela saia verde,
se eu não tivesse ido dentro dela àquele sarau?

Ninguém responde
só o amor ri,
o filho da puta,
o cara de pau!

Mistério do teu nome

Ah, teu nome meu espanto!
É como se disparasse aqui dentro
um novo ritmo em mim,
no fundo de mim,
a palavra do teu nome.
Alarme, doce alarme doido
a palavra do teu nome!
Basta lê-la, e no coração
é barro
enchente
reviramento
inundação.

Não sei, não posso com teu nome.
Este calor, um troço.
Teu nome às vezes tem febre,
tem mãos frias,
fala muito, empolgado,
irritado, disparado,
veloz, combatente.
É feito de marés altas, luas incidentes.
No entanto, tem muita munição de silêncios e de serenos ventos,
belas intenções no olhar ardente,
porque lhe gritam no peito palavras quentes.
Teu nome cavalgando meus vales,
enchendo teu nome meus territórios, teu nome imponente.

Beijo na boca quando
teu nome me olha
Beijo na boca
frio na barriga, desafio.
Teu nome perto do meu
e de mim rente.
A vida toda por um fio.
Teu nome, uma viagem, meu navio.
Meu abraço aquecendo o teu nome no inverno,
uma loucura, um desvario.
Chá de hortelã
quando o teu nome sentir frio.

Sem disfarce

O homem vindo me visitar
Lindo
Hirto
Um coqueiro
Um pé de bambu,
vou te falar.

Elegantes as cores, as combinações,
o estilo, um macho original,
o jeito calado e inquieto disparado de falar.
O jeito de pôr as mãos no lenço
e o lenço no bolso.

(Quando o coração tem saudade
Solta um grito baixinho, rouco,
e dispara imagens)

Pois hoje eu queria esta visagem,
na cheia de setembro,
esta paisagem

Aquele homem subindo a escada
portando revoluções no peito
Aquele homem vindo,
aquele sorriso tímido,
aquele jeito de homem feito,
levemente perfumado de menino

com o mundo todo
pra transformar e pra completar.
Aquele homem que me dá
palavras e músicas
no gesto do olhar. Pronto.
Paro aqui, nas conversas,
no blablabá,
dichavando a cena,
porque o que acontece depois
eu não posso contar.

É isso sim, Céu estrelado,
é isso mesmo, seu Luar!
É isso o que eu queria,
não vou mais ocultar.
Lindo
Preto
Coqueiro
Bambu,
Mestiço,
Tupinambá.
Aquele homem vindo me visitar.

A visita

O homem preto de olhos infinitos adentra a minha casa.

Entrara com gala pela porta dos fundos,
e chegara com palavras boas de se ouvir,
estendidas no corredor da fala.
Belo, o homem lindo falava lindo, quando eu deixava.

Mas eu deixava nada.
A boca palavrava sem pausas
histórias-verdades que pareciam inventadas.
As palavras protegiam as entradas.
Não queriam deixar silêncio,
porque o silêncio permite a chegada de gestos,
ações, perigos à beira dos abismos.
O silêncio age.

Então criei cercas orais que limitavam o terreno,
para que a liberdade não permitisse o romantismo da chuva,
ou do sereno, seja o que for que lá fora do céu caísse.
Espanto, inquietude, meninice.
Pulavam de um canto para o outro trançando as ideias,
fumando ópios modernos, brindando meiguices.
Uma hora o homem preto disse:
estou cansado, com sono, devo ir.

Ninguém disse mais nada.
Longos abraços na escada.
O silêncio do que não se pode dizer
cobria a percussão do brando temporal da rua,
deixando apenas rabiscadas as próximas cenas.
Partiu cheiroso na escuridão,
anterior ao poema,
e bem antes do amanhecer.
Pulsa o ar da casa pra valer.
Tudo por causa do homem preto lindo que veio me ver.

Quem bate?

Apresentou-se com sua voz antiga
à mira de minha atenção.
Noites conversas sem fim varando a madrugada.
A hora entre violões marcada.
Depois,
numa noite alta enluarada fim de festa, nova madrugada,
e estando entre os convidados, chegou à porta do quarto.
Lindo divino magro noturno estelar.
Inominável, incorrigível, indescritível com olhos de pau duro.
Complicado de escrever,
muito difícil de falar,
muito gostoso de lembrar.
(Ó pobre rica palavra, me conduza à tradução exata,
me leve ao manto do bem explicar?)
Pavão, vaidoso, palhaço, metido,
quer se meter em mim.
Na minha vida.
Meus sensores não apitam cuidado,
nada me alerta,
porque o cavalheiro seduziu também os guardas que anunciam
[os perigos.

Chegou à porta do quarto destemido
e me beijou o beijo brando dos enlouquecidos leves.
Eu disse não.
Pensei que na hora adiava o desejo.
Qual nada, no beijo tinha veneno,

320

cuja dose guardava um efeito simples:
ser toda só dele no dia seguinte.
Deu-se o fato então.
Inesquecível, fez da tarde particular um carnaval
e chegou pra brincar no meu cordão.

Apresentou-se com a voz moderna e antiga,
belo como uma ilusão.
E sabe a chave, supõe o segredo do meu tesão.
Não durmo tranquila desde então:
é preciso muito cuidado pra ele não aparecer a qualquer hora,
com seu charme e cheio de inspiração,
às portas do meu coração.

Lua de março

Mas o que estás me anunciando, Lua de março,
será mesmo este galope o som do novo amor chegando,
ou tu estás me enganando, Lua de março, e ao fim
da primeira lira, o que era canção vai desafinando?

Ai, ai,
o que estás me apontando, Lua de março,
será mesmo o passo do novo amor cantando,
ou será engano outra vez de laço
e tu estás me aprontando, hein, Lua de março?

Linda, clara no céu, dona dos olhos do mundo,
no sentido infinito e no sentido exato,
então por que estás me castigando, Lua de março,
com a tua beleza rasgando os véus e às nuvens esgarçando?

É dentro mesmo do peito
que a coisa está nascendo e pulsando,
ou será eu que estou inventando?

Lua de março, me ajuda,
Lua de março me acuda,
Lua de março não me iluda!
Tu, nascida no fim da tarde,
testemunha do poente,
trocada de turno com o sol,
ó Cheia, lírica e soberana, me responda:

é mesmo o peixe da vida o que vejo,
ou desenhei suas barbatanas?
É mesmo vivo este desejo
ou já estou eu, com a alma,
do próprio amor insana?

Ah, minha luminosa, me escuta:
a verdade é que no ponto em que estou, Lua de março,
estou pouco me importando
se é mesmo este alarido o sustenido do novo amor chegando,
ou se nós dois estamos delirando!

Às ordens da paixão

Mora uma boca macia,
um beijo que não acaba,
um carinho que não sai de mim,
mora tudo aqui.
Um abraço delicioso
o mistério que, qual um bom mistério,
prescinde de explicação.

Mora em mim seu nome então,
o que no meu corpo de afeto mora.
Tudo que acontece em sua presença
e persiste quando você parte
mora em mim aqui, no meu condomínio.
Tudo que figura luminoso
sob a luz estranha do seu domínio.

Boca a boca

Sua boca anda por aí
a me tentar.
Uma merda
sua boca a me seguir,
a me provocar.
Vive por aí
nas bocas alheias
a me confundir.
Vejo sua boca ali,
na cara da lua cheia,
em minhas noites sem dormir.
Sua boca anda por aqui
onde anda meu pensamento,
onde haja mais estrada pra seguir.
(É mesmo sua boca, meu caqui?)
Vem, quero me divertir!
Enquanto não te vejo
é sua boca que eu beijo
por aí.

Tentação

Tradução de Eva, artifício,
atração, promessa e vício.
Boca: pecado maçã serpente.
E também é nada disso,
só a boquinha de um homem que já foi menino,
que tem lábios cor-de-rosa-vinho, feito algumas crianças.
Mas é homem feito e ali, na parte baixa do rosto dele
vindo de cima antes do queixo e depois do nariz lindo,
é que começa o perigo...
Palavras línguas falam de lá.
Vou te contar,
só de beijar a boca da gente
esta boca faz gozar.
Boca boca boca,
meu pensamento é só beijar-te,
beijar-te é só meu pensamento.

Ainda bem que ninguém sabe.
Só estes versos.

No entanto,
sei que estes versos
vão se espalhar pelo vento
numa rota certa e louca
até encontrar o dono da boca.

Culpa sua

Por causa de você penso na estratégia das antíteses,
no que pode haver na força dos contrários.
Por sua causa penso no poder do destino,
penso em por que deus escreveu aquela cena
de você me enlaçar por trás naquele baile que não marquei de te
                                                    [encontrar.
O que fora o acaso fazer lá?
Porque deitou na minha cama, não sei por que,
dei pra sonhar com você de verdade nela,
displicente, calmo e feliz qual estavas naquele meio-dia,
como se tivéssemos recém-acabados do bom amor.
Por causa de você, quero viver em Santa Teresa, pegar bonde,
                                                    [táxi, ilusão.
Estas mãos que acertam meus pontos chaves
porque estudaram a vida humana, têm muito de saúde,
mas podem ser sacanas, dúbias, mundanas
quando estamos nos salões de festa,
na sala da casa nova ensolarada.
Ainda que seja de noite, a paisagem estrelada que vejo das generosas
                                                    [janelas é bela.
Ai, por sua causa quero subir a serra,
escutar Omara Portuondo,
tomar cachaça de alambique, sentir frio, botar pé no mato,
sentir grama e espinho roçando os calcanhares.
Por causa de sua voz linda, escuto um som raro de pássaro novo,
pássaro inventado agora, só porque você canta,
e tem no canto um rio farto

com diâmetro de artérias e não de pequenas veias.
Não.
Seu canto é Tejo, é rio caudaloso, quase mar.
E tem afluentes.
Quando você canta, vê-se a viagem:
Os barcos, a correnteza, as linhas finas das margens,
O desvio que a água faz dando a volta no toco,
no tronco podre que veio do barranco,
nas pedras grandes a meio rio, nas curvas,
nas grossas raízes das arvores que invadem rasos riachos e fartos
[córregos,
nos corpos das lavadeiras que esta mesma água banha.
Água é elemento rebolante que desvia das coisas
sem que elas lhes sejam obstáculos.
Não são.
São as formas, o desenho sinuoso de cada caminho.
Por causa de você e seus naturais arranjos,
dei de ouvir assovios afinados quando você está por perto.
Por sua causa quero frequentar o bar do Gomes.
Por sua causa sua voz me dá fome.

Alameda

Chegando em casa e já da escada
mirando a cara da lua cheia quase
deu vontade de que você pudesse
me chamar pra vê-la amanhã
nesta plena fase,
num lugar aberto e escondido,
São Paulo, mas sem pressa ou perigo.

Ao luar e ao abrigo.

Endecha dos tempos modernos

Quando chegar a boa hora,
embalarei derramada de amor
o bebê que será meu netinho.
Depois, emocionada de existir
e de ser tronco da divina criaturinha,
saio e chamo o lobo bom
para comer a vovozinha.

Discovery Channel

Avança em mim,
para isso me estuda.
Com delicadeza ardente
me pega pela cintura,
em caprichosa fúria
abre minha blusa,
com destreza me captura.
Não procura logo o auge,
a jugular.
Quer brincar, se mistura,
fazendo render o bom.
Me beija até eu não mais aguentar.
Veem-se os dentes,
mas não assusta,
não é para assustar.
Me imobiliza e eu quero beijar sua nuca,
        [o pescoço, o pé da sua juba rente
eu quero alcançar.
Felino, o bicho me enfeitiça,
me atenta,
me sustenta
pela penetração do olhar.
Não é brincadeira não.

O que sei é que
me agrada ver na selva o rei.
É verdade então:
eu desejo o Leão!

O mapa

Quem pode com o sol deste céu tão perto, ó coração louco?
Quem pode com o luminoso céu de agosto,
de onde ouço uma cor azul e uma canção?
Quem poderá então,
com a lua cheia, a maré baixa,
o céu da tarde aberto.
E, à noite sendo também areia, o que é vulcão?
Quem poderá, meu pobre coração,
com a noite alta, a alma cheia,
e esta lua em leão!?

A imperatriz

A fêmea tomou o poder
pulsa de querer
e sua lua
tem a fase mais misteriosa
mais zoológica, mamífera e indefinível.
A fêmea dança,
rebola, rodeia irresumível.
Seu coração dá voltas ao mundo
e vagueia dentro da sala.
Quer seu par.
Quer ser par.
A fêmea geme, canta, fala.
A fêmea está solta dentro da casa.

O lobo

Com palavras
me chamou à festa.
Me indicou com o verbo do olhar
o caminho da floresta.
E nela nos perdeu.
Encheu de versos
meu pobre coração de poeta.
Com palavras me comeu.

II

Cantos pra passarim

"Pássaro coração está tomando sol no seu quintal."

Wagner Merije

"Carrega-me contigo, pássaro poesia, no Amanhã."

Hilda Hilst

Poema torto de luz

Por causa desta tarde linda de verão
o poema pendeu pro teu lado.
Talvez querendo prosear.
Foi todo decidido
como um galho sabido,
uma inteligência de floração,
que procura a janela se quer sol,
ou uma sombra, se almejar abrigo de clarão.

Por causa desta tarde iluminada
na paisagem e dentro do meu peito,
meu poema ficou desse jeito,
meio inclinado, tendendo a você,
meio encantado.
Por causa desta tarde azul
minha manga-rosa caiu no teu quintal,
minha laranjeira trepou no teu muro,
e minha jabuticabeira deu toda para o seu pomar.
Agora aqui está ele, o poema.
Receba-o de antemão.

Olhei pro céu azul,
o sol se pondo e você presente na minha visão,
a provocar versos, criação.
Só por causa de uma tarde,
por causa desta tarde iluminada de verão.

O nim

Desde o dia em que vi que Passarim fez nim
no lustre da varanda do jardim,
boa boa da cabeça eu nunca mais fiquei.
Dei de enxergar mais a dimensão dos ninhos.
Dei de entender mais bem entendido, mais esclarecido
O conjunto de razões daquele pai passarinho que,
num só pio, avistou proteção
nas paredes de vidro transparentes do objeto,
com direito à quebra de luz
provocada pelos azuis dos arabescos
que desenham a peça.
Não me peça pra explicar.
Quero apenas testemunhar em palavras
o que ocorreu com força de verso em meu peito
desde que meu jardim ganhou aquela casinha
suspensa e aconchegante a enfeitar o ar,
feita de folhas de avenca e outros matos necessários
para acolher uma família com asas.
A delicada tribo, pequenina e alada ronda meu pensamento.
Protegido do vento, da chuva, do frio, em volta da lâmpada,
está é muito bem planejado o amoroso abrigo!

Estou contando um acontecimento normal e mágico
da vida urbana que se deu comigo na minha varanda.
Fiquei diferente.
O hóspede, de tal forma me honra
com sua presença nos ares de meu jardim,

que, como nunca o vi,
pouco me importa se a ave é Colibri, Beija-flor, Sanhaço ou Curió.
Desde aquela manhã desta descoberta,
boa boa da cabeça nunca mais fiquei.
Fiquei melhor.

(Casa da lagoa, 1º de setembro de 2012, quase primavera)

Dentro do instante

Um assobio distraído entra alegre pela porta aberta da frente da
[casa.
A doce asa de uma discretíssima alegria viaja no sopro do vento,
pousando, inevitável, sua inocência livre, sobre tudo,
de modo a dar qualidade lírica à tarde.
É Zibeto o dono do bico do assobio.
É Zibeto jardineiro, labutando satisfeito com o rastelo,
a cuidar do lixo mais bonito do mundo:
folhas amarelas juntadas à mistura do púrpura,
do chá, do lilás e do mostarda das flores dos buganviles.
Um lixo seco,
um lixo limpo e belo,
como uma tela de natureza viva.

Ainda com o novo outubro engatinhando em seu segundo dia de
[vida,
cheguei e já encontrei as pitangueiras vibrando
em seu vermelho-alaranjado de plenitude,
pendendo para a terra as ramagens,
dobrando com bondade materna seus magros corpos.
O peso evidente da fartura dos frutos faz o seu serviço.
A mangueira, tão pequena, parecendo aquelas mulheres baixinhas
[que,
a gente, olhando rápido, pensa que é adolescente ainda.
Uma mangueira praticamente anã, para uma árvore deste clã.
É pouco mais alta que eu e já florida de filhas.
Ninguém sabe quem nem como foi.

Amanhecera repleta de perfumosa manga-espada
que nem um São Jorge verdadeiro.
Por falar nisso, Pirata e Jorge estão uns rapazes lindos!
São frutos também.
Pérola e Flora, as mães, se aninham com eles ao pé da escada que
[vai pro meu quarto.
Os pais são a cachorrada da vila.
Formam uma quentinha tribo canina fazendo, sem esforço, parte
[da família.
Está frio apesar desta primavera toda
que grita a chegada de sua estação pelos quatro cantos dos lados
[geográficos de cá.
Aponto, com uma calma euforia-menina, quase escolar,
dezenas de lápis de cor diante do caderno, que espera,
confiante, a mágica do desenho.
Entre-ato, meus dedos deslizam nos novelos dos cabelos e encontram
alguma flor de caju caída do
grávido cajueiro guardião, que tá brotado que tá danado!
Perto dali, escuta-se bem,
um rio, umas dunas e um mar tomam banho de chuva e eu vejo
[muita justiça nisso.

Tudo isso cabe dentro de uma tarde e dentro do meu coração.
Veja o quanto um instante é imenso:
isso é um poema e é ao mesmo tempo
o retrato do que eu vejo e penso!

(Itaúnas, 2 de outubro de 2007,
24 horas na Vila)

Vila minha

Dancei forró até quase o dia novo clarear.
Ainda vi uma última Estrela brilhar,
e o Amanhecer vindo seco atrás dela.
Não lhe tiro a razão.
Eu, se fosse o Amanhecer,
também andaria tonto atrás daquela Estrela bela.
Acordo ao meio-dia numa vila verde e calma.
Partem em caçambas de caminhões sentados enfileirados,
os turistas do interior do interior do Estado,
para quem este miúdo povoado é cidade.
Ouvem-se gritinhos de crianças brincando de trocar inocências na
                                                            [praça
é filme o que vejo.
O dia não está azul.
Eu poderia dizê-lo aqui.
Dizer que sim. Pintá-lo.
Com a palavra eu poderia sim, tingir.
Eu poderia mentir.
Mas não o faço.
O poema é isso que me bate à cara,
esta realidade mágica,
não carece de invenção.
É fim de tarde, sinto o frio do mar batendo em minhas costas.
E eu de costas para a costa do mar. Redundância.
(Escrevo agora versos pensados no caminho pedalado até aqui)
Tudo sai pra passear nas ruas de terra,
vestido novo pegando poeira na estrada.

A família sai da igrejinha,
o pai a mãe e a filhinha.
A mãe de Dodô conversa alto no portão com a mão na cintura.
Mais meia dúzia de mulheres sentam enfileiradas no banco de
[madeira
em frente à casa. Terreiro da casa.
Ao longe uma sanfona soa.
Onde estou?
Isto me atordoa.
Caí dentro daquele poema do Drummond, o *Lembrança do tempo*
[*antigo*
e aqui está muito bom!
Até a familiazinha de passarim saiu pra passear também.
Estão em excursão no meu quintal,
a familinha alada camarinha num piquenique animado
de pólen e sementes,
estou enredada à grande cena,
estou tramada no tecido,
estou dentro da cerca do poema.
Só queria era dizer,
com a alegre simplicidade de uma açucena,
como é divino um domingo de tarde numa cidadezinha pequena.

(Itaúnas, inverno delicioso, 2015)

O sopro da vida

É manhã nova.
Espalha-se a luz que nomeia os dias sobre o meu jardim.
Vou ao mato de Oxóssi respirar verde ar.
É manhã nova.

Viver é respirar.

(Ares de primavera, 2015)

Cantata

Que linda voz,
eu disse ao pássaro cantor.
— Uau, que bom que você chegou,
ele foi me dizendo sem clemência,
canto melhor em sua presença!

Poeminha bobo caído do bico do céu

Que um passarinho me trouxesse
notícias suas,
que boas-novas me dissesse
vindas de seus ventos mansos!

Ô meu Deus, que ainda este ano,
uma ave carregasse no bico
seu olhar,
um beijo seu,
um afeto,
um abraço,
uma palavra,
uma saudade,
um gesto.
Tudo vindo do céu daí.

Mas nada há no céu daqui.
Somente o silêncio azul resplandecente,
e cotovias dispersas assim, displicentes,
levando cartas e bilhetes que não são pra mim.

Hoje só disso eu preciso:
que um pássaro impreciso
me traga brilhante o seu sorriso!

Espelho da tarde

Estou no meu banheiro carioca diante do espelho.
Parece que o sol garrou nim mim.
A imagem refletida é ensolarada.
Não sou mais aquela que saiu daqui em dezembro e foi pra lá.
Voltei diferente,
trago no peito uma espécie de paz,
cheguei compreendendo a volta, feliz e estranhamente.
Regressei calma.
Olhando a cidade diferente.
Achei a TV do meu quarto grande.
Voltei mais educada da exuberante simplicidade
e acho que eu e Passarim fomos da mesma turma.
Tem muito professor bom lá, de onde viemos.
É Pássaro quem dá aula de canto.
Se bem que, aula de canto,
o vento, o mar, o sapo e a sereia também dão.
Do céu vem muita lição e igualmente vem do chão.
A professora Raiz é boa pra quem quer ir firme, longe,
sendo eternamente aprendiz.
Além do mais, andei num caminho de rio mar
e acabei por encontrar Passarim que eu já conhecia, e não.
É incrível este caminho que estamos trilhando.
Não sabemos nada dele, eu sei.
E no entanto o fazemos.
Ironia.
Estou encantada, eu acho, e curiosa.
Não esperava esta carta da vida.

Ó surpreendente mão da vida, ô mão,
e nós nessa mão!
E nem sei o que estou a louvar,
por que estou satisfeita, sei lá.
Minha alma gostou de encostar na sua e
o dia passa bem ao nosso lado.
Foram infinitos por dentro esses quatro dias intensos.
Uma sinfonia conviver contigo, Passarim, assim amiúde.
Uma honra e um prazer.
Foi tão delicioso quanto o sol clareando a extensão da tarde.
É clarioso, aberto, discreto e sem alarde.
Assim exuberantemente simples,
como esta tarde.

(ridejaneiro, 14 de janeiro de 2014)

Poema da manhã seguinte

Como se eu fosse uma flor de fina haste
tu me rodeaste
e pousaste sobre mim como se deve.
Delicada presença em minha vida
no meio do salão bailando leve.

Sei o que veio buscar na flor.

Sem que eu percebesse,
para que assim eu não te detivesse, beijaste-me
e bateste a asa vampira,
tornando quase eternidade a curta vida
desta borboleta breve.

(Manhã de junho, poema sonhado)

Evento matinal

À beira de junho me acordam ventos sinistros.

Avançam pelas frestas das portas e janelas com a desenvoltura dos
[bárbaros,
como gênios de lâmpadas escapados que, em forma gasosa,
se avolumam n'uma invisível massa,
e crescem mais e mais fora dos frascos que os mantinham cativos.
Ventos nativos do inverno que ainda virá, invadem frios esta manhã
[de outono;
ventos ativos farfalham as cortinas que, acanhadas, parecem novas
[meninas
tentando proteção do que, cheio de mãos, levanta-lhes as saias.
Desperta-me a tribo que bate portas com a força que decepa dedos,
derruba jarros dentro das casas,
tomba árvores na rua.
Estou nua sob os panos da cama,
o edredom escondendo o que é marrom e pele e território de arrepio.
Não dou um pio.
Escuto apenas o vento.
Vejo-o varrer soberano o que estiver em seu caminho,
olho também com carinho,
o fato de ele ser plural e sozinho.
Um vento é fenômeno que dá em coletivo, não é nunca um só,
[é sempre tribo.
Quem vejo sozinha muitas vezes e quase nunca me aterroriza,
[é a brisa.

À beira de junho, o vento agiliza a manhã e sopra urgências
[descabelando copas,
enfolhando o chão da varanda com seus dedos ágeis.

Sou pequenina, não sou nada, sou também menina.
Me firmo na cama fixa onde dormia sossegada
antes de ser acordada pela espalhafatosa ventania.
Até quando sente medo minha alma preserva alegrias
e sabe brincar com estes piratas do invisível movimento
na hora em que começa o dia.

(26 de maio de 2014)

Versos ao vento

Tarde muito azul.
Repouso nua na horizontal paisagem.
Quem saberá, ao esta moça morena avistar,
onde andará seu pensamento?
O transparente macho visita com delicadeza a cena.
Mudo, me beija as costas, agrada meus sentidos,
percorre meus sentimentos.
Na varanda da memória estou deitada e posta
na lira do tempo
entre a janela aberta e a porta
na linha do vento.

(Lagoa, 2010, lira de janeiro)

Pássaro confuso

Pássaro confuso,
pra que céu me convidas
se só sob chuvas te vejo?
Ó meu inverso príncipe
sem chegada nem despedidas
quero que fiques onde te revejo
sua voz, sua poesia, seu arpejo.
Pássaro difuso,
a que estação me chamas?
A que luas, a que almas me nativas?
Pássaro absurdo, pra que mar me cativas
se quase não te vejo?
Ó meu discreto príncipe,
sem fumaça, nem bebida
quero que brindes onde cortejo:
sua canção, seu amor,
onde eu beijo.

(7 de janeiro de 2010)

Oyá

No começo da madrugada de uma noite calma e estrelada,
assim, do nada, começa a soprar forte, furioso, um aparente
                                              [sudoeste.
Redemoinhal alvoroçava-se, ora todo para o lado da folhagem,
ora parecendo chuva,
ora batendo janelas e portas,
parecendo até que era mau...

Mistério.

Um vento diferente visitou a madrugada.
Tinha bafo quente.
Um esplendor de mãe e irmã,
um vento que vinha talvez das poderosas saias de Iansã.
A mulher admirável
com seus búfalos épicos
a cruzar castelos e prados.
Vem ela com seus raios iluminando o céu da lua vã.
O bafo quente vinha da rodada da saia mágica de Iansã.

Há fúria na beleza

Socorro, alguém me acode,
porque é de tarde
e o céu está dentro do rio Itaúnas!
Vou morrer desta beleza.
De cima da ponte, apoiada sobre seu beiral,
olhei pra baixo e avistei céu azul, nuvens na água,
aves voando no espelho do rio,
e desabei a chorar.
Não aguentei.
É quando afirmo que há fúria na beleza!
É quando sei que a beleza dói.

Alguém, por favor, me acode,
que uma maravilha me rói!
Me acode, porque vai anoitecer
e será mais um teste para o meu coração,
será um desafio quando eu avistar
o chão de céu de estrelas dentro do rio.

Alguém me acode,
um deus, um querubim,
porque o céu do fundo rio Itaúnas
está dentro de mim

A formiga e a montanha

A formiga passeia sobre mim.
Pra ela não importa se sou montanha, gente, tronco, terra.
Perambula sobre minha pele e não erra.
Parece ter aonde ir, sou só um atalho pra ela, um caminho,
um modo íngreme de chegar, uma vez que ela me sobe.
A formiguinha inocente quase me morde
com seu olhar que não vejo,
mas que farejo pela direção.
Deve ter lá seus dentes, seus recursos para
extrair do mundo as tais vitais necessidades,
mas me escala sem compromisso e
sem acionar seus dotes de caça.
Apenas por mim passeia e como não lhe interesso,
passa sem pressa sem descobrir quem eu sou.
Sem que ela diga nada,
sei que a conjugação do verbo ir da formiguinha é vou.
Passeia em mim na tarde despretendida.
Fico imóvel de propósito;
eu superfície dela,
ela, animada e valente entre a selva dos pelos dos meus braços,
se desviando como pode dos abisminhos dos poros.
Fico quieta só pra lhe ser estrada e plateia sem que ela perceba.

Ela não sabe,
sou por dentro, agora, uma flor esperando quem me colha.
Sou-lhe obstáculo, pedra, passagem e paisagem,
e ainda bem que não sou folha.

(21 de março de 2007)

A estrutura

Para esta serena manhã,
sucessora da noite clara de lua alta de ontem, desperto.
Arrastando camisola, fui até a sacada do meu quarto,
e o que primeiro os olhos tocam é um chumaço de matos,
feito de folhas e gravetos no meio da galharia das alamandras
                                        [trepadeiras
sobre os buganviles.
Apurando o olhar e me debruçando no beiral da varanda,
vi que se tratava de um ninho!
De quem seria o dono passarinho?
Via-se o projeto pensado:
luminosidade, posição em relação ao vento, à sombra, ao sol.
Passarin fizera arquitetura ali,
no meio da possibilidade de rajadas de vento e temporais.

Honrou-me que se sentisse seguro em tais quintais.

Então, por que dormi intranquila entre quatro paredes e dentro da
                                        [casa?
Isto quer dizer que os ninhos são variáveis e que podem não ser
                                        [frágeis.
O que sei é que Passarim morador de meu pomar,
me protege, me ergue, me faz melhor respirar.
Este que só suponho, nem conheço
e que se tornou, na minha ausência, vizinho-inquilino meu,
possui um castelo, um ninho, neste momento, mais firme do que
                                        [o meu.

O poema da partida

Desde que você partiu
fiquei sentada no jardim.
Estive por duas horas talvez ali.
O som da vitrola parou
e a banda do quintal continuou
com você, Colibri, Bem-te-vi,
Curió e Tiê nos sopros.
Você estava ali,
silencioso, organizado e doido,
surpreendente e livre como um rio.
Estou grata pela paz que espargiu
sobre mim a cada vez que sorria.
Gotas delas abençoam a tarde que você deixou.
Ficou o perfume de sua presença, e o som, e o som e o som.
Mal partiu e já me faz falta.

Uma vizinha interrompe meu sonho
e pergunta do portão:
é aqui que tem um homem tocando flauta?

(Itaúnas, 13 de janeiro, vermelho verão)

Onde canta o sabiá

Saudade do beijo bom daquela boca boa.
Uma saudade leve breve quase à toa.
Quem sabe o telefone tocará?
Quem sabe a tarde chegará
com o canto daquele sabiá no bico?
Quem sabe a noite
lhe trará novos motivos para me chamar?
Sou uma mulher cujo jardim
possui um lustre
onde um passarinho fez ninho,
não sou qualquer coisa não.
Nem quero por isso me gabar.
Mas que o bichinho escolheu bem escolhido seu divino altar,
ah, isso lá, não dá para deixar de reparar!
O lugar que abrigou os critérios da avezinha
foi a varanda
onde tem um jardim suspenso.
Algum céu, o passarinho corretor, o passarinho paisagista,
passarinho arquiteto, calculista,
avistou em meus arredores, eu penso.

Saudade do beijo quente,
a incontornável chama que depois da festa me levou pra cama,
para o sonho antes do sono imperar.
Estou como menina.
O coração disparado, o ouvido atento à campainha da porta,
como se de súbito ele fosse aportar.

Como se no mar do meu momento eu soubesse que o navio dele
[ia passar.

Não sei se é saudade só deste beijo.
Embora mais do que o simples desejo,
pode ser só saudade de amar.

Guardiãs

A paisagem entra no quarto.
A paisagem me guarda nela.
Pelas altas janelas
a paisagem me paquera.
Eu, de camisola branca,
barra de renda e fita amarela.
Camisola de cambraia, seda e cetim
alisa o chão da varanda.
Invade meus aposentos,
a poltrona onde me sento,
a cômoda, a cama, o jardim.
A paisagem invade a cena,
eu olho a paisagem,
a paisagem olha por mim.

Mantimento

Preciso de pouca coisa:
um pai passa de bicicleta cruzando a tarde quieta,
tarde de pedra em Paraty.

(Sobre ela, o fio da delicadeza passeia.)

A filhinha indo em pé sobre o quadro,
abraçada a ele.
Satisfeito, o homem a envolvia na segurança
com o braço direito,
enquanto o esquerdo guiava a bike
trazendo a mochilinha rosa dela na mesma mão.
Destreza. Maestria. Proteção.
Dava pra ver a confiança ali.
De pé no quadro, com o vento delicado nos cabelos, e sem medo,
ia satisfeita e tranquila a garotinha ali.

Só isso, pra mim,
só isso assim, essa cena linda de Paraty,
no meio da rua do povo,
e o velho mundo mau fica bom de novo.

Uma bondade de raiz...
Preciso de pouca coisa pra ser feliz.

(Paraty, 1º de julho de 2015)

Peso de palavra

Ó passarinho inocente,
ô Bem-te-vi que brinca no colo da tarde azul,
leva pro meu bem este bilhete que diz:
um beijo cheio daquele silêncio eloquente que só os beijos trazem.

(Ô meu deus, que não pese a longa frase no bico da pequena ave)

Nutrição

Ah, seu Bem-te-vi
no bilhete anterior que você levou,
sem deixar a palavra cair,
esqueci de esclarecer.
Diga ao meu poeta cantor
que eu quero é meu alpiste,
as palavras de amor pra comer.
A minha dieta de viver.

Passarim

Conheço uma qualidade rara de pássaro muito interessante,
bonito, luminoso, cantador e espontaneamente elegante.
Vive em várias árvores diferentes e voa, de floresta em floresta,
à procura da escuta de novas gentes.
Conhece milhões de músicas de ouvido,
é mestre na ciência de escrevê-las no caderno do ar,
e ao mesmo tempo, que loucura, fecha os olhos e lê sem partitura.
Suas asas são reluzentes, é muito sagaz, inteligente.
Fico boba de ver a organização do bichim, é tudo muito arrumadim:
cachimbos, instrumentos, piteiras e apitos,
tudo tem o seu lugar no arrumado nim.
Este pássaro tropical muito bonitim é meio encantado
e o nome dele é Passarim.
O conheci numa floresta de festa e
desde este dia num parei mais de versejar!
Comprovou-se o encantamento da espécie
porque eu nunca mais parei de cantar.
Acompanho onde posso sua boquinha melódica,
seu canto de enfeitiçar.
Quando toca a flauta mágica
desperta a passarada que estava ali perto a passear.
Por sorte ele gosta de mim, o bichim!
Me traz no bico outras prendas, além de presentes líricos:
aguinha que Passarim não bebe,
fumaça de erva sagrada que amplia os sentidos,
e beijinhos saborosos em doces sustenidos.
Tudo isso junto ele me dá devagarim.

Traz essa alegria no bico
e com isso derrama carinhos em minha boca.
Estou como boba, amiga das cigarras,
a perguntar por ele: quem viu Passarim?
Está na casa do João, responde Manoel de Barros,
um poeta pássaro irmão do pássaro arquiteto João de Barro.
Cadê Passarim, Sabiá?
— Eu sei lá, quem o viu foi o beija-flor.
Ó beija-flor, me diga o paradeiro de Passarim
que é de gerúndios tocador?
— Acho que o vi num bando sensacional:
Canário, Sanhaço, Viola, Sapo, Grilo e Colibri
o chamaram pra formar um regional.
Tão logo o encontrei, já tinha criado um novo coral!
Quando parece estar em silêncio, pergunto:
— Passarim ficou mudo?
— Tô mudo não, só estou quieto no meu canto estudando novos
[cantos.
Éta bichim! Tem resposta pra quase tudo e a tudo contracanta,
a favor que é das palavras e do som que faz o olhar.
É amigo do mar, de certos rios
e tem parte com os peixim de lá.
É cheio de argumentos e,
como é independente
produz ele mesmo seus próprios ventos.
Por isso é genial.
Fui me distrair depois do Natal,
e quando vi, Passarim tinha feito nim no meu quintal.
Quando fala o seu jorro de som
leva minha alma no bico.
Passarim parte e eu não fico.
Voo também pelos ares, pelos bares,

almejando o que se inicia quando ele chega,
querendo a orquestra que começa onde ele se apresenta,
desejando a sinfonia da luminosa presença.
Agora é noite,
por onde andará o talentoso bichim?
Tem pena d'eu, Passarim,
tem dó de mim.
Sou fraca para seus sopros,
para suas penas brancas que eu manjo,
sou frágil para seus arranjos.
Ô beleza,
o cheiro bom das penas no peito,
e o brilho prata de sua penugem
fazem da cena céu sem nuvem
e eu de emoção dano a chorar.
Passarim me leva no bico
e depois arrisca me deixar.
Diz que tem medo de arrumar conflito
e de a gente um dia terminar.
Passarim, deixa de temores,
vamos improvisar.
Passarim não disse nada
usou a boca vermelha para de novo me beijar.
Aí, fui eu que fiquei calada.
Aí, comecei a voar.

(6 de fevereiro de 2014,
verão encantado)

III

Caderno das águas

*"Não vê os rios que nunca enchem o mar?
A vida de cada um também é assim: está sempre toda por viver."*

Mia Couto

Pequena inexata milonga de amar

Ouço passar o Guaíba.
Daqui de dentro da madrugada
dum quarto do Grande Hotel, avisto-o.

Porque sei ver pelos ouvidos
o rumo certo do rio Guaíba e sua discreta correnteza.
Mesmo quem ainda não tem rio, pode sonhar.
Todo mundo pode ter um rio dentro
e uma música desta, toada certa,
como um leve e contínuo ninar.

Ouço passar o Guaíba,
e a linda realidade de um alegre porto,
doçura do viajar.
Atinge em cheio o Tejo da gente
esta milonga de quase matar.
Estou no ponto de sonhar.
Ouço cantar o Guaíba,
estou a ponto de amar.

(Porto alegre de 2009, dia 4 de novembro.
Um dia cheio de poemas)

O rio de minh'aldeia

Deixo a duna e adentro com certa estranheza a cidade.
Arde a urbes com seu trânsito ignorante do que podem pernas e bike.
Não deixo o mato, o deserto de areia brilhante, o mar, o rio, não
[deixo!
Trago-os em mim.
Do que não consegui me desvencilhar foi de seus olhos.
Estou neles.
A luz do sol batendo em suas retinas
e eu suportando em gozo o olhar dourado sobre mim.
Quem de mim pode esquecer esta boca, este cheiro absurdo de
[verão,
este céu de beijo devagar que me leva a bordo e suspende meu chão?

Quem poderá conter-me quando ele vier de novo
caminhando lindo em minha direção?
Não vou suportar, não vou não.
Estou sobrevoando a cidade e sua fumaça,
mas quero é só o seu cachimbo e o que nele sabe sonhar.
Estou como se estivesse apaixonada, mãos dadas ao riacho,
a alma colocada um pouco acima do solo,
muito perto do sol da sua presença.
E ela é essa vila no meu peito de bambu, o rio correndo,
o rio, esse menino novo e nu, curumim da tarde lá.

Sua presença não quer me deixar.

A fortuna

Como um híbrido peixe que também vive em rio,
ele surgiu da turva dourada água.
Era um emergido com olhos de correnteza que
trazia nas mãos, além da agilidade e pra lá da destreza,
uma linda folha negra do tempo, garimpada por ele,
lá no fundo escuro do rio.
A folha e uma pedrinha preta do lugar
compunham o seu buquê para mim.
Quase não me contive.
Então, tratava-se de um homem milionário?
Só pode, para ter possibilidade de me dar tal joia!
Um príncipe submarino que,
a mando d'Oxum, me fazia a mais pérola das cortes!
Recebi o presente, era ouro!
Eu era meio nativa índia negra capixaba
em miúda tanga quase nua,
mas ele ouvia o farfalhar do meu invisível vestido de festa.
O homem peixe era sem nome
como sem nome era aquele beijo que ele me deu
dizendo que era promessa e pagamento ao mesmo tempo.
Este rio tem mistério.
Bocas: delícia delicada de sentir.
Eu quis repetir.
Conto a história do peixe
que encheu meus lábios de ternura
e chamou de beijo.
Tudo leve, riacho, sem pressa.

Um zangão me ronda pela segunda vez.
Mira o sarará do meu cabelo ou o que ele disso supor.
Foi aí que o peixe me protegeu e o espantou.
Foi aí que o peixe falou:
Ele pensa que você é uma flor.
E é uma flor.
Fiquei toda boba por dentro, mas segurei firme.
Aguentei o elogio.
Comenta-se que este peixe homem usa lenço,
sopra um sax soprando os ventos e
fuma o cachimbo do fumo encantado.
Era o Boto. Uma visagem!
O chique aparecimento
do que vive nas águas escuras do rio Itaúnas
só escolhe as moças bonitas
e varia de acordo com a lua.
Quando me encontrou
era de tarde e dia claro.
Olhou-me com olhos castanhais
iluminados por pontinhos cardeais amarelos e cordeais.
Eu não tinha medo.
Ali estava o peixe homem belo
a elogiar o fundo do rio:
Impressionante! É firme, é solo,
é chão de areia. Que beleza!
Soprou suas opiniões e olhou-me
como se eu também fosse paisagem.
Depois pegou-me pela mão num mergulho,
e gentilmente conduziu-me ao escuro
onde encontrara o tesouro de folha e
pedra que me oferecera,
oferenda linda, vinda de tal abissal.

Com suas antenas e sua música
o homem peixe partirá para outro rio
ainda nesta tarde.
Mas volta logo.
Em verdade não parte quem fica.

O homem peixe partiu
e eu fiquei rica.

(Itaúnas, 13 de janeiro de 2014,
verão encantado)

Menino rio

Quando adentro o rio dourado de minha aldeia,
adoro-o.
É em estado pleno de devoção que mergulho em suas águas.
A procura da discreta inquietude de sua correnteza.
É menino o rio.
Diferente do mar que nunca é jovem.
O velho mar possui ondas novas, é verdade.
Mas não é novo como os rios.
Mesmo o velho Chico é criança ainda.
Estou dourada na sua paisagem líquida e tudo em volta ganha novo
                                                    [recorte
e relva nas curvas do leito.
Aos poucos vai a tarde se definindo.
Brinca comigo serelepe, quase rindo.
É que é da natureza do rio crescer menino.

Há um nome escrito no navio

Toda vez que meu coração está assim, vagante,
você volta.
Não que volte mesmo,
mas reverbera,
ecoa
como se fosse o dono da casa.

É certo que é uma lembrança reinante apenas
e acontece, mais explicitamente, quando nas
entressafras dos meus longos amores.
Mas um bom passado bem escrito tem lá as suas consequências.
Passado livre de rancores deixa também suas marcas,
um amor só de parte boa que não chegou aos tapetes da dor.
Teve oportunidade de ser apenas amor bom,
sem rompimento, sem indagação,
sem desencontro e sem pedir explicação.
Um amor abençoado. Quase ilusão.

O navio passou no rio de minha vida
e ficou sendo o chão dos amantes,
o símbolo do amor nas tardes,
a carne mais ecológica de um sonho.
Por isso ganhou eternidade em mim e dotes de pioneiro.
Porque quando não se é daqui,
ocupa o lugar de iniciação
o primeiro grande amor no Rio de Janeiro.

Rio melhor

Ninguém na calma tarde do rio.
Banho-me, disputando com os dourados cardumes de peixinhos
[miúdos,
um lugar nas águas doces.
Ita una significa pedra preta e tudo resulta nesta cor
[mate-bronze-cobre-ouro
do menino rio
onde brinco e com quem brinco de ir subindo ele,
dando braçadas contra a sua correnteza,
e de voltar deslizante, boiando na carona da mesma.
Ninguém me vê.
Poderia fazer o que eu quisesse: tirar o biquíni, nadar nua e cantar
[alto,
bem alto, mas não o faço.
Fico só com a terceira vontade, com a melodia que sai do meu peito,
pérola da ostra, e alcança as margens, as árvores,
os caminhos de ar onde o som se espalha.
Estou no hospital da natureza, em seu pátio de recuperação.
Estou tomando remédio controlado pela beleza,
para recompor a pele que a cidade esfolou.
O dotô também receitô, preu melhorá, relógio de sol,
temporal, passarinho e nada de andar sobre quatro rodas.
Pode bicicleta, beijo, dunas, mergulho no mar,
verso e criança pra conversar.
Obedeço.
Sigo à risca.
Quem rabisca de raios luminosos a serena paisagem é o sol.
Sei que no crepúsculo haverá o alvoroço

da passarada e das gentes por conta da apresentação da lua no
                                    [último dia de março.
Ela, cheia, desponta lá pras bandas do Tamandaré,
enquanto o mesmo sol se despede do lado de cá,
no beiral do mangue e passa o turno pra ela.
Vai ser lá no teatro do céu.
Eu vou ver também.
Me sinto dona de tudo aqui, milionária destes matos,
destas margens, deste quintal rico e plebeu.
Nado calma no silêncio desta tarde que me guarda inteira, meu deus.
O rio Itaúnas é meu.
Ouço alguém gritando, uma voz que vem da estrada de terra, lá
        [de cima,
a chuva êvem lá de Braço do Rio.
Dentro de todo o corpo do rio escuto a notícia,
fruto da meteorologia simples que uma pequena vila dispõe.
Meu tratamento se compõe de caminhadas
de cócoras contra a correnteza
e inclui o movimento lento e firme dos braços para frente,
empurrando a discreta força de uma água sem tempero de sal.
Não estou mais mal.
Antes que o céu escureça e me aponte a primeira estrela, sereia,
        [apronto meu arpejo, dou uma rabanada, uma guinada,
        [uma manobra eu faço,
para voltar a atravessar a ponte.
A velha ponte, meu pai!
Estou melhor.
Não sou a última mas rio melhor.
Boa enfermeira de mim, e muito sagaz,
a tarde se debruça sobre meu leito de rio,
e eu não choro mais.

(Julho de renascer, 2010)

A aula do recreio

Amo esse rio como se ama um menino.
A chuva que ajuda a caminhar melhora meu destino.
Mas, o sol desta tarde da vila
confirma a vocação das tardes para o papel de paraíso.
Ai, queria que ele estivesse aqui comigo.
Ele, o amor que também é amigo.
Quem ficou na cidade mora em meu peito aqui, comigo.
Como sabe agradar minha dama e rondar minha fêmea,
não sai do meu pensamento.
Mas agora meu serviço aqui é atravessar o rio no assovio do vento.
Dormir nele, aconchegada como se leito real fosse,
a receber sua água doce, rio lindo, rio limpo, que chamego.
Quero dizer que tem concha dentro da palavra aconchego.

Menino rio, que graça de amor,
que amor de beijo inocente tem a doçura de suas águas mornas e
[calmas,
tem o caminho claro e líquido onde desfila sua correnteza!
A água leva a pedra e por isso não está mais aqui
aquele pedaço de rocha da última primavera.
Não mais no mesmo rio impera aquela rocha,
aquele grande seixo meio sépia,
musgo limo meio dourado meio negro
que julgávamos firme e capaz de sustentar nossos corpos,
de dar apoio ao salto, trampolim ao desejo.

Pois que a pedra foi levada pela água para outra parte da maleável
[estrada,
provando que de fixo mesmo não há nada.
O menino rio me ensinara que nem sempre o mais duro é o mais
[forte.
Sem precisar de muito volume o que é água penetra no sólido
e tira da terra sua estrutura de chão, e ao solo revolve.
Por um momento, enquanto areia e água se fundem,
o que ali morava, baila, dança, se move.
Na infinita brincadeira que também é aula me divirto
enquanto tiro boas notas, eu acho.
Vejo na face da professora.
Com aprovação, me olha serena da cabeceira do rio,
seu trono de ouro de onde ministra as matérias do verde reino.
Senhora da persistência, sorri e me diz que não há conquista sem
[paciência.
Meu pensamento nada até a cidade para buscar o amor
e fazer amor com ele no rio.
Ele vem, eu suponho.
Na tarde onde me rio,
tudo aqui é sonho.

(Itaúnas, 22 de novembro de 2011,
fim de primavera)

Na ausência do dilema

Quero você
Quero te amar
Quero o homem que há,
de chapéu, tatuagem e patuá
no caminho que dá
entre o rio e o mar.

*(5 de julho,
noite estrelada e fria)*

Chove,
oração sem sujeito

(Onze poemas de chuva.
Cairão no mar)

"Ergueu então os braços a criança e pegou
[um pingo com as duas mãos,
recolheu um único pingo como quem recolhe um
[pássaro pequeno
e ali o guardou, deixando o resto da chuva chover
deixando os olhos dos outros descrentes,
voltando pra dentro de casa
com o pingo de chuva nas mãos, o pingo de gente."

Martha Medeiros

Transparente menina

Chove uma chuva fina
a primeira do ano.
Chuvinha delicada
chuvinha pequenina
na qual me deixo molhar
na qual batizo meus planos,
pois sei que a água ensina.

Ei, você que renova meus quintais,
você que clareia minha sina,
venha, no meio da chuva fina,
acariciar meus cabelos,
me sussurrar aquelas palavras lindas.

Volto pra casa
ainda lembrando dos versos divinos
feitos pra mim no seu poema
chamado Pra nunca ter fim.
Encontro-o sobre a cama imperioso
me espera sob o vento gostoso
que entra no quarto e move as cortinas.
Recordo seus beijos molhados.
Chove a chuva sobre nosso amor,
trazendo mais este cuidado lírico ainda:
a água límpida e inocente
desta chuva menina.

Toró

Por fim
cai a chuva na tarde que seguia muito escura.
Uma imensa cortina líquida cobre a cidade.
O vestido de espuma na pele da pedra.
Da janela aqui de casa, do alto,
vejo alguns poucos guarda-chuvas coloridos na ladeira
tentando o impossível.
Vê-se a invasão de pingos por todos os lados
e o homem é nada: um ser molhado,
menos que um sapo, um inseto,
um minúsculo pássaro
procurando abrigo.
Estou como em criança,
excitada por conta da novidade que a água derrama
e da qual jamais me canso.
Apesar das notícias de árvores caídas e outros perigos.

Pequena,
eu tinha medo de um dia a chuva do céu acabar.
Com o tempo pensei, está garantido o temporal
enquanto houver mar!
Cai a chuva sobre a cidade no canto da tarde
e molha meu peito que,
embora quieto, arde.
Cai definitiva a chuva.
Cai de uma vez a tarde.

Sinfonia do toró em três movimentos

1.

O que dentro da casa palpita é sonho.
É feita de madeira pura.
Composta de árvores tão nobres que penso em
como gostam de ser casa para homens.
É romântica a casa, de um chique artesanal.
O facão talhado na carne do que é, a marca do corte.
Mas não é morte, só transformação.
O que sustenta tudo é de um tal porte
que só mesmo com muita sorte
para abrigar-se um dia em algo sublime assim.
Taba-barraco
Congo-Benguela
Choupana-palácio
Cabana-favela
Difícil encontrar um nome só pra ela,
minha casinha singela,
meu cafofo, meu amor, minha aberta janela.
Por ela, vejo que começa a pingar lá fora.
Vai aumentando devagar.

Meu canto abençoado recebe bem a chuva,
e nele a chuva é bela.
Ecoa.
A música reboa seu tamborilado.
A casa pra isso é que tem telhado.
E tem telhado pra isso.

Chove mais forte e a sinfonia avança em meus noturnos.
É como um hino.
Minha tarefa é antiga,
desde o tempo de eu e meus irmãos meninos:
escolher uma panela, mirar e supor a rota do pingo no assoalho;
não importa, caçarola, caldeirão, bacia ou chaleira,
o que for deve ficar na mira certa da goteira.
Espalho os vasilhames, chove demais.
É estranho.
O vento bate na porta do meu sonho.

2.

Torrencialmente desaba o céu na noite de Itaúnas.
Dentro desta casa, sozinha,
disponho velas ao alcance da mão,
embora haja sempre uma acesa.
Nestas ocasiões é possível que a luz apague em qualquer segundo.
A noite e sua beleza formam o tecido de fundo do tudo.
É dilúvio lá fora.
Como se fosse finalmente começar o fim do mundo.
Vendaval.
A casa insinua balançar.
Parece vir em baldes o aguadeiro.
Derrama-se por entre as telhas, escorre, entranha-se,
molha o travesseiro que desconhece o pranto celeste,
só conhece o meu.
Por isso, vê-se a fronha estranhar a gota do céu.
Molham-se a cama, a estante, os pontos cardeais daquele lar.
O sul, o chão, o norte, o corrimão, o leste.
Uiva o turbilhão de águas e fúria de vento no quintal da vila, da vila
[capixaba.

Quase nordeste.

Penso no mar batendo lá na praia nesta hora oblíqua;
o temporal deve estar sinistro por lá nas dunas.
O oculto da noite é sem testemunhas.
Como será o mar quando ninguém o vê?
Será furioso à vontade?
Ou, ao contrário, sereno e mamulengo,
brinca, pula, se atira,
e era mentira toda a ira?
Então seria o senhor Oceano autor e ator dos meus enganos?

É deserto lá pros lados das dunas.
Cai aqui toda a água da vida nesta cena noturna.
É de assustar.
Ninguém humano vai lá.
Ninguém humano que ali vai conseguiria dar um passo,
manter-se firme em chão estável a caminhar sem tombar.
Quem não é bobo não vai lá.
Na tenebrosa noite sem lua,
quem vai se arriscar?
Está encharcado o solo do reino,
pois vem da areia sua firmeza
e é de barro o seu alguidar.

3.

Deu meia-noite.
Subitamente a celeste cachoeira parou.
Cessara de cair aquela liquidez imensa,
acabou-se o seu precipitar,
subiram-se as cortinas,
ouvem-se as gotas finais e finas
como as de quem acabasse de chorar.
Pudera, era muita coisa pra lavar!

Lá fora desponta um céu cor-de-rosa dourado
espalhado sobre o firmamento.
Sente-se o movimento ondular do peito
da mãe natureza, depois de tanto soluçar.
Divino suspiro.
Algum mistério fundo e breve ocorrera.
O céu com aquela textura nevoeira e pura
entorpeceu meu pensamento dentro da escuridão madura.
Que espanto esta escritura, meio parente da ficção,
carne de literatura!
No entanto, é real o enredo,
e não inventada a partitura.
Ô, meu deus, é de verdade a loucura!

Aguaceiro celeste

Lavado o céu,
descortina-se uma lua de fevereiro
iluminando a noite a partir de cima,
deixando janeiro.
Um clima de frescor envolve meu poleiro,
o ninho fino onde meus sonhos treinam voos,
o galpão onde guardo o feno
para que ao meu gado-pensamento não falte alimento.

Vai precisar na travessia.

O rebanho não é feito só dos bichos que eu queria,
mas é sortida mesmo a vida.
Oxalá e Yemanjá se amaram em euforia
e foram os dois, separados,
viver um pra lá, outro pra cá.
Um é só firmamento e nuvem
outra só onda e mar.
Só quando cai a água do céu
que o que a gente chama de chuva
se transforma em encontrar.

Ontem fez aniversário
esse nosso encontro estelar entre bilhões.
Meu gado-pensamento quer entender o seu mistério,
ronda livre o pasto da varanda da alma, sem descansar.
Penso nisso tudo, tranquila, sob a luz do luar.
Louvado céu.

Goteira

Passada a chuva na cidade do interior
recolhemos as panelas postas no chão na linha direta
vinda das frestas entre as telhas.
Uma linha certinha,
invisível, do telhado ao solo,
terminando no fundo espelho
do utensílio de alumínio.
Por ali, tranquila e resolvida como elemento que se move
a chuva passa, pinga e nos chega
de toda maneira em forma de palavra nova: goteira!
Ali.
No ponto em que a chuva nesta palavrinha em gotas se transforma.
É um momento um tanto divino
quando assim pouca, se entorna.
É a hora sagrada em que a chuva entra
dentro de nossa casa, mas só pinga.
Não inunda nada.
Adentra quartos e salas,
pinga até sobre algumas louças, nos encontra sem roupa.
Recolhemos as panelas acumuladas de tais gotas.
Goteira, repito baixinho pra mim.
Mas não a bebo.
Guardo a palavra na boca.

Caderno d'água

Chove torrencialmente sobre a cidade maravilhosa.
Cantarolo (estou sem sono) a marchinha do poeta André Filho,
pensando que moro no coração do meu Brasil.
Cheias de encantos mil... é essa a marchinha, Cidade Maravilhosa...
Da sacada vejo a chuva e
a luz do poste debaixo dela revela seu antílope galope.
Mais que isso, o que vejo é o seu corpo pontilhado.
A chuva cai e corre.
Conheço estes traços:
as chuvas são linhas pontilhadas!
Eu as preencho como a meu caderno de água.
A chuva escorre, sou seu pensamento
e ele te percorre linha por linha, minha chuva lírica!
Nado em ti, oblíqua. Escrevo-te!
É talvez meu último poema dos quarenta e nove.
Tudo está sereno e tudo se move.
Agora, já passa da meia-noite.
Portanto, hoje, ao meio-dia, renascerei viva, bonita,
cheia de deveres de casa prontos e uns outros maravilhosos por fazer.
Escrevo neste caderno de água, neste firme pontilhado líquido.
Um pontilhado lírico!
Assim como desde sempre, cada vez mais amo escrever
e cada vez mais amo essa palavra escrever:
ô verbo edificante!
Este olhar preenchedor de linhas abstratas,
esta atividade de criação simples e esplendorosa,
que nem essa chuva sobre a alta cidade. Glória.

Nem ligo se amanhã, carnaval de novo, chover no meu bloco.
Estou à sua disposição, meu Céu; esteja à vontade.
Viver me comove.
Este é talvez o meu último verso dos quarenta e nove.
Não choro.
Chove.

Inocência

Cai a chuva com uma tranquilidade impressionante,
cai fina, elegante contínua e serena.
Meu coração se rende a ela, escuta-a. É todo dela.
Meu coração bobo, boiola, babaca, beiçola por tudo, e por tudo
[chora.
A chuva, sabendo disso, abusa:
traça catetos e hipotenusas no meu peito,
um mapa que eu não alço ler, teoremas emocionais que não consigo
[decifrar.
Cai chuva magra e linda sobre o telhado da minha infância.
Este telhado sempre haverá sobre mim
principalmente em hora de desamparo.
Revesti, revisto e revestirei desta memória as coberturas
de todos os tipos de palácio ou hospedaria que eu habitar.
Somos todos hóspedes,
uma vez que ninguém veio aqui pra ficar.
Cai chuva linda materna,
presença líquida do divino em suas inúmeras modalidades.
Cai chuva linda.
Me embala e reinaugura em meu peito a simplicidade,
a tranquilidade dos sonos dos meninos,
tão inocentes e talvez mais inocentes que os pingos.

Como posso ser feliz? — a lição

Chove forte na noite do dia 18.
Um dia frio quente.
Um dia diferente.
É dezembro. Aniversário daquela que cantava.
Comemoro a rainha que cozinhava, cantarolava, tocava, pintava,
esbanjava alegria e vigor sobre a casa.
De súbito, são as mãos dela que saltam firmes e delicadas da memória
a portarem uma ponteira de fina casca, feita de vidro,
armando a árvore de natal com bolas coloridas,
cujos galhos ela pintava de prata,
e cobria com neve de algodão.
Cuidava de ajeitar o objeto ondeado e pontiagudo
exatamente no pico da árvore,
cheia de piscas-piscas e outros brilhos, ó iluminada!

Quando morreu,
a multidão do enterro chorava,
não só eu.
Ficamos todos órfãos, nós e o mundo.
Zulmira comentou pertinente: *Para ir no lugar dela eu conheço*
                                        [uma porção de gente,
dava para encher um trem muito bem!
Pode parecer injusta a frase, mas é perfeita a fala.
Faz falta, mãe, sua voz aqui, na terra dos que ficaram.
Chove sobre a minha casa. E é ela quem canta
acompanhada de seu acordeom vermelho de madrepérola:
Para mim a chuva no telhado é cantiga de ninar,

mas ao pobre meu irmão, para ele a chuva é fria,
vai entrando em seu barraco e faz lama pelo chão.
Para mim o vento que assobia é noturna melodia.
Mas o pobre meu irmão ouve o vento angustiado,
pois o vento, este malvado, lhe desmancha o barracão.
Como posso ter sono sossegado, se no dia que passou os meus
[braços eu cruzei?...

Canta, canta mãe, semeia sua moda, sua ioga, sua justiça;
espalha a sua bondade, seus princípios, suas premissas!
Essa minha mãe ímpar, sem igual na humanidade, torre de minha
[saudade.
Bonita, vibrante, mestre e aprendiz,
estou aqui, sua voz em mim regando o jardim.
Te trago em mim, mãe, te porto desde pequeninha e desde que
[você se foi.
Chove no telhado, ouve-se a sua voz linda entre os pingos...
Não fizeram disco, ninguém fez, mas eu gravei, está aqui, canta mãe.
Lembrar é ligar o som.
Canta mãe, rezei.
Lembrar é apertar o play:
Como posso ser feliz se ao pobre meu irmão, eu fechei meu coração,
meu amor eu recusei?
Canta, mãe. É a sua voz em mim.
Eu sei.

(Dezembro de 2013)

Estio

Se era por falta de tempestade, pode entrar, Dona Bonança,
já pode chegar, fique à vontade!
No meu arsenal de palavras já vividas,
cansei de sofrer estas mesmas dores.
As dolores de longas estações conservam demais os temores
e viciam as explicações.
Meus pobres começos se atrasam diante de tantas lamentações.
Quero o fim deste estio imenso,
quero a nova revoada de pássaros,
a mudança radical dos ventos.
Aguardo novos sóis,
e ainda que venham novas tempestades e tormentos,
nunca mais de abandono e solidão a estrada.
Nunca mais a vida e a visão turvas.
Chega.
Ensolarei.
Pois é verão no meu repertório de chuvas.

(El Salvador,
21 de outubro de 2009)

Filme no ar da madrugada

É madrugada sobre a rua molhada.
Ouve-se o táxi.
Sou eu.
Chego em casa.
Só deste lado da cidade chove agora.
E quem mais está interessado nisso?
Eu quero saber.
Vagueia coração urbano nas ciências relativas
e na relatividade das ciências.
O que será que isto quer dizer,
o fato de aqui está a chover e não lá?
Para vadiar foi feita a vida humana,
para dar um rolé no mundo, desfrutar de seus saberes,
processar matemáticas de onde também estou e estamos.
Chove do lado de cá da cidade.
Do lado donde vim era seco.
A lua imperando soberana,
luminosa rainha na noite do céu.
O céu é palco.
Sua dramaturgia é épica e naif,
com as nuvens rapidamente nele pinceladas em carneirinhos
e volumosas batalhas
com corcéis e espadas sobre o vasto cenário.
A grande lona de fundo azul muda muito.
Escurece tenebrosa. Chumbo.
A água desce de lá muitas vezes furiosa.
A ponto de machucar.

Chego em casa.
São três horas da manhã de uma sexta-feira e já é hora de ninar.
Caem os pingos no telhado,
tudo para me agradar.

Tempestades, Raios, Sóis ardentes, Auroras, Crepúsculos, Trovões,
são atores porque são também seu próprio acontecimento.
Personagens-ações.
Vou dormir.
Não vejo o teto.
Fito direto o palco do céu.
Que beleza:
o chão das estrelas.

A aurora

Meu corpo amadurece
enquanto amanhece
para o assobio do vento, para os canaviais,
para o movimento, para os manguezais.
Meu corpo se enternece
enquanto amanhece
para os cafezais, para o novo tempo
para o pensamento, para as digitais
Enquanto seu Quintana diz
que não é de uma vez que se morre
o tempo corre
o tempo move
o tempo promove
lições geniais

Ó Manhã,
vem banhar-me inteira
mergulhar-me em sua banheira de sóis desiguais!
Meu corpo amadurece
enquanto amanhece,
para o fino argumento para os coqueirais,
para o sentimento para os roseirais.
Meu corpo se conhece
enquanto amanhece
para os milharais, para os instrumentos
para o pensamento, para os virtuais
Enquanto seu Quintana diz

que não é de uma vez que se morre
o tempo colore
o tempo resolve
o tempo dissolve os dias banais.

Ó Manhã,
vem beijar-me à sua maneira
conduzir a minha estrela
para os sonhos reais
ó manhã
vem soprar minha fogueira
renovar minhas certezas
e eu renascerei nos temporais!

Diálogo das águas

No mar da Bahia escrevi mensagem pra te alcançar.
Não choro diante da espuma,
deixo a onda me lavar.
Aonde vou?
Onde estarás?
A pedra não me devolve a pergunta,
responde com águas a verdade do mar.
Sonho e escrevo no mar da Bahia uma carta de amar.
O mar sabe bater e voltar.

(21 de abril de 2007)

Diário do primeiro dia

Caminho pela areia brilhosa da praia de Itaúnas
no primeiro dia do ano novo.
Escrevo a frase envelhecendo-a,
pois dura muito pouco o presente, impressionante.
Tudo é rápido como o gozo,
se reservados proporcionalmente.
Adiante, vou caminhando em frente.
Avante!
O caminho é pincelado em profusão de azuis.
Pintado, Dorinha, Maria me espera,
Deus me guia, Dengo de Janaína,
Amarelinho e Barbatanas,
são nomes dos barcos chegando, com redes cheias,
cardumes inteiros armadilhados nela.
Os músculos dos pescadores não temem vento,
correnteza, nem o peso dos saveiros repletos
sendo arrastados por esses homens
que tudo confiam ao Reino de Yemanjá;
Minhas pernas querem seguir para lá, para os lados do sol.
Vê-se mais um ou outro anzol,
daqueles que, solitários, lançam a isca presa à linha.
Para os ingênuos peixes que habitam as águas
não é de se desconfiar aquele camarão já morto,
preso ao invisível, o alimento oferecido como ilusão.

(Penso nos homens.
Quem são esses amores que estão se apresentando
no balcão do meu ano eleitoral emocional?

Quem mais apresentar-se-á e qual deles guardará
o pé do sapatinho que não perdi no baile?
Saberão dizer-me palavras bonitas?
Avistarão com ternura e gosto a minha menina?
Serei a mulher que imaginam?
Que viagens trarão nos embornais,
nas histórias de suas memórias inventadas e factuais?
Quem são esses masculinos simples e especiais,
quem são os que apressar-se-ão
exibindo seus carinhos,
suas experiências,
suas técnicas sensacionais?
Quem virá mais para dizer coisas do amor
tão repetidas, inéditas e originais?)

O pensamento me solta do bico
e subitamente desembarco perto
já na última curva da praia,
sempre antes da próxima.
Andei mais. Andei.
Quando estava quase chegando ao infinito, voltei.
Onde estavam antes os pescadores
encontro o lixo prata
sobre o qual sobrevoa o bando de urubus,
com seu negro show de elegância,
contra o céu azul e a nosso favor.
Com seus voos exemplares,
aterrisagens espetaculares,
com suas aeronaves de voo certo
sobre o banquete de escamas e guelras,
cujo perigo de espinhas
não espanta seus consumidores.
O baile dos garis alados

risca no azul movimentos precisos e breves
e a praia fica limpa do que não serviu para o comércio.
Peixinhos pequenos e diversos,
mutilados, mortos no seu cotidiano de ondas
onde jamais voltarão,
e fazem agora alegria das negras aves que realizam
uma higiene sem discurso.
Estão simplesmente confortáveis
sem a menor necessidade de explicação teórica
sobre as cadeias alimentares.
Oh, meu Deus, estes ancorados saveiros,
estes mares atraem o navio do meu peito
e navego em palavras que escrevo.
Mergulho.
Bate o mar morno nas minhas costas.
Acarinha.

Caminho no tapete do primeiro dia,
a garrafinha de água,
tendo sido metade consumida,
toca com o vento uma flauta natural,
flauta da vida.
Dependendo do balanço e
da embocadura da boca na *boteja*
ao encontrar o caminho do vento,
a melodia acontece.
Volto pra casa.
Subo de volta à duna em chama ardente.
Brilha a purpurina que atende pelo nome de areia.
O chão de estrelas, céu azul por cima,
abóboda sem nuvens que cobre
os que passaram de um ano para outro.

O ano novo é uma marca no tempo,
um risquinho que a gente faz no invisível
para marcar a hora,
como uma estação para se refazerem sonhos, orientar estratégias,
pegar a visão do caminho com a mão.
Estou a um mês do meu aniversário e
subo a duna como fazia aos vinte anos.
Alegre, leve, sem esforço.
Olho para trás.
Logo outros barcos entram na água em outro ponto.
Carinho Breve, Dengo de moça, Mimo de Odoyá,
Estrela do mar e *Vence-Ciclone.*
Quero um barco com meu nome.

(1º de janeiro de 2014)

Mar mãe preta

Gosto de dormir em terras onde se ouve o mar.
o vento gostoso e leve, um vento salgado e breve
um vento vida leve, um vento brisa do mar.
De dia um azul de céu generoso
que não deixou ninguém reclamar.
O sol ainda se pôs garboso
nem parecia que ia acabar.
Mal a noite caiu, o teatro abriu e eu fui trabalhar;
o palco a palavra o gesto que o tempo não guardará,
mais o aplauso emocionado do povo gentil,
devem me fazer dormir em paz.
Embora meu coração inquieto saiba onde é deserto
e não queira mais se enganar.

De qualquer modo, de qualquer maneira, sei lá,
vindo de amigo ou de amante
um buquê de indelicadezas é um troço difícil de se aceitar.
É madrugada, vou me deitar.
Gosto de dormir em terras onde se pode ouvir o mar.

(Costa do Sauípe,
19 de março de 2010)

A mulher fonte

Daquela manhã sou retornada.
Fui numa espécie de paraíso.
dentro do planeta penumbra matinal da gente.
Quem poderá deter no caderno do tempo
a sensação deliciosa da presença delicada de seus dedos.
Meu peito na tua boca a confirmar de antemão
que nunca houve chão.
Só aquela nuvem de prazer.
Só desenho de contornos que, demarcados por suas mãos,
vão me possuindo. É também felicidade e é por um fio.
Eu rio.

As primeiras luzes nubladas de um dia prata que amanhece
nos encontram afogados nos cheiros, nos cafundés,
nos cangotes, nos beijinhos avulsos e deliciosos aplicados nas costas
[da cena.
Os amantes dormem de conchinha e não se cansam.
O amor é um campo vasto.
Eu lago.

Daquela manhã sou retornada,
escuto agora as vozes da noite
mas naquela manhã de hoje
e que estou ancorada.
O vento confunde os sons,
disfarça e embaralha as vozes que vêm da rua.

Mas estou nem aí pra nada
Acabo de ser quem chegou de uma aurora
em que foi dentro de mim
que o sol deu de brilhar.
O planeta da manhã me encantou de viver o sonhar.
O amor me desmancha, me desfaz, me liquefaz no ar.
Eu mar.

Cortejo do mar

É noite no mar diante do qual escrevo.
Sou mais um poeta redundante
e venho como todos, cantar-te,
ó orquestra mutante,
ó reino onde molho as palavras nessa noite sem glórias.
A minha glória é mirar-te, ó companheiro de minha noite.
Meu passo é singrar-te mistério adentro,
e minha danação é ouvir-te, ó eloquente cavaleiro!
Quando bates tuas ondas sou eu quem atende e é minha a porta.
Pelos ouvidos me tocas, palavras de água, de sal e de vento,
sou tua, sem medo ou revolta, pergunte ao dono do firmamento.

É noite no mar da igualdade e os amantes estão sem maldade,
cada um em sua própria estrada, cada qual com o seu movimento.
No entanto, dona Lua não tira os olhos dos dois.
Enluara-os com seu alcance de luzes para o futuro e para o que já foi.
É da cor da madrugada o facho que ilumina longe da praia o campo
[dos bois.
Tudo alcança uma verdade estelar.
Meu amor aqui não está,
e eu me deixo levar pela conversa do mar.

O luar decide cor e sombras da noite,
enquanto escuto palavras do mar.
Batem na areia, batem na areia,
as ondas não podem calar,
me veem como sereia e logo começam a falar:

411

Ó senhora morena das águas,
se te queres mais linda põe-te a cantar;
Assim serás minha, mulher e concha,
e só assim sereia a encantar.

E segue o mar a soprar-me poesias no cangote.
São poemas de amor sem que, nem hora,
são poemas como estes que estou a dizer,
são poemas como este que estou a fazer,
como este que escrevo agora.

(Luacheiadeagosto, 2012)

Escrito d'água

Toda lágrima devia virar palavra
assim ela secava
na forma certa do sentido.
Toda dor e seu alarido
devia tornar-se testemunha
daquilo que, doído
andou esborrando do ser.
Você vê:
se eu chorasse, só, sem escrever
você não saberia agora
que o mal que me doeu nesta hora
também um dia alcançou você.
O ser humano deve comungar
suas dores e glórias,
compartilhar batalhas, derrotas e vitórias do viver.
Aproveite a lágrima,
faça ela render.
Assim ela pode um dia virar caminho e estrada
Para quem a lê.
Falo sério.
Palavra.
Toda lágrima devia virar palavra.

IV

Dor guarani

"Palavras têm dois gumes.
É falar e sujar-se."

Adélia Prado

"Não se ponha o sol sobre o vosso ressentimento."

Efésios, **4.**

Encontro

O contraluz na paisagem de terça-feira
revela subindo a ladeira, uma senhora.
É minha mãe!
De cabelos grisalhos,
tingidos, talvez, não sei.
Quem saberá?
O sol da saudade por tanto brilho
não me deixa ver, prever, adivinhar.
Vem ela caminhando em minha direção,
subindo a rua paralelepípeda,
a cara da manhã vibrante, nada insípida.
Vinha ela elegante,
cantante,
sorridente,
vívida.
Via-se o seu passado vindo com ela:
o amor de meu pai,
nosso quintal
seu jardim,
suas mãos,
as unhas e as rosas vermelhas,
as acácias amarelas,
eu e meus irmãos de mãos dadas a ela,
cabendo todos na calçada,
escadinha de idade.
A alegria, caldo de cana e pastel
no centro da cidade.

O mesmo sol do subúrbio
meu bairro de agora invade.
É ela quem vem rebolante, mulher ainda,
radiante através das idades.
De vestido florido,
tendo como principal enfeite a vaidade.
É ela a idosa que vem altiva,
sempre à altura de um bom poente, uma claridade.
Luminosa, vem chegando cada vez mais perto de mim,
a doce senhorinha.
Sorri, me olha e com o olhar me acarinha.
Não é a minha mãe.
Seria.
Se tivesse ficado velhinha.

(Visão de fim de outono, 2014)

Específico banzo

Saudade da Fazenda Pouso Alto.
Jorgina e sua comida, a jabuticabeira de abril,
as cachaças de Fred e nossas conversas.
Os pães caseiros e surpreendentes de Lacy e suas velas.
As manhãs, os mugidos,
a fumaça agradabilíssima do fogão de lenha,
os discursos dos sapos rondando a noite,
as poesias que lá ainda não escrevi.

Esta é uma saudade assim:
seu nome é da Saudade Fazenda Pouso Alto,
mas é saudade de mim.

(Primavera, 2000)

Pobre de mim

Apontou-me os campos floridos, .
convidou me ao palácio dos sonhos,
me encheu de versos, luas, matas montanhas mares,
mostra rica só das coisas
que fazem sentido.
Deu-me, ao pé do ouvido,
serenatas particulares
sussurros de poemas
suspiros e cantarolares.
Abriu e exibiu nossa tela de futuro
em que dizia: eu juro...

Mas faltou coragem
no meio da estrada,
e bateu a porta do coração
na minha cara.

A outra banda de mim

Quis que você fosse aquele
que me levasse pela noite estrelada,
a me mostrar a lua, minguante,
a seguir na luz da madrugada,
com seu sorriso de lua,
com sua cara levada de quem andou em algum canto do céu,
fazendo coisa errada.
Queria assim,
que fosse uma coisa encantada onde nossa conversa linda
se desse também em forma de beijo
varando a manhã iluminada.
Mas o amor de homem e mulher
com desejo e sexo
que toma o corpo do ser
que ao outro quer,
deus não nos deu de colher.
O amor é químico, não se procura, não se inventa,
não se força seus preceitos, não se forja sua mistura.
É acontecimento entre animais humanos expostos a seu laço;
Mesmo sabendo disso
queria que você fosse o cara que andei esperando quando fingi
[estar distraída.
Vou dormir. A lua ri de mim.
Eu que nem sempre rio na minguância,
aprecio seu discreto sorriso, lua prateada.
Entendo o seu recado, ó majestade:
enquanto o amor não me invade
seguir sendo inteira, mesmo quando estiver metade.

Pregão

São duas horas da madrugada.
Hoje, só hoje,
eu trocaria um poema
por um marido.
Podia ser de pijama, caseiro, não inventivo,
molhando o jardim com a mangueira.

Ou um simples homem amante, parceiro.
É isso, mesmo,
troco por um bom poema.
É este meu pregão mudo
no clarão de noite quieta,
é este meu grito mudo
pelas ruas deste pobre coração de poeta.

(26 de maio de 2014)

Porto exílios

O amor agarra suas patas
na terra da estrada do meu peito.
Que jeito, não quer me deixar.
Estou longe do que quero
e perto de onde não quero chegar.

Caminho para sua ausência,
não há mais encontro marcado,
vou para onde você não está.

Porto e exílio,
o amor que deixo
é a pátria pra onde ainda quero voltar.
O amor é o país
de onde parto com vagares
de quem não queria ter perdido
aquela virtude dos agora
que havia entre nós!
Acabou-se a primavera dos nossos gostosos momentos,
pois o destino fez o que pôde por fora e por dentro.
Mas cansou de nós.

O amor também é o porto da próxima hora.
O amor é meu princípio,
agonia e paz,
porto e exílio,
partida e cais.

(Poema musicado por Magali. Um fado, 2016)

The shadow of the kisses

Um reluzente poente espalha
sua névoa dourada no recorte das montanhas
em torno da sagrada lagoa!
Eu te ofereço esta minha tarde linda
pertencente somente ao meu dia azul
que resultará em céu de estrelas
com luazinha crescente,
luminosa centelha,
fina borda de unha brilhante suspensa no céu.
O espelho d'água está plácido e
minha cabeça cheia de arrependimentos
do que eu não te disse
na ladeira da morena manhã:
Eu te aquecerei, amor,
se sentires frio à minha beira
porque chegaremos antes do sol nascer
na praia do Arpoador;
te acolherei enquanto aguardamos juntos
a hora certa da aurora, meu bem.
Mas guardei as palavras
e estas vieram aninhar-se
no bojo deste pôr de sol
que a ninguém obedece e de nada se priva.
O sol esquenta e aquece quem lhe convier
e estamos conversados!
Mas eu não sou sol, nem lua, nem nada,

me exponho e sou pequena fagulha no universo imenso,
querendo e não querendo a onda do teu olhar de mar.

E agora?
Quem poderá reconduzir ao porto da estrita amizade
este nosso doido navio?
Quem poderá desacontecer o acontecido
que se valeu da particularidade de um rio
para me beijar e fazer com que no meio da correnteza,
ultrapassássemos a tênue linha?
Foi dentro do rio
que atravessamos a ponte, e não sobre ele.
Quando sofri, desejei
que não tivesse havido aquela hora,
que não me interessasse mais o teu flautim
dentro da minha noite enluarada.
Quis recolher a linha que nos libertara ao paraíso
e retornar ao ponto
em que nossas bocas viviam separadas
e nunca houvera uma só conversa de amantes, nada.
Quis desesperada voltar ao tempo em que éramos
apenas amigos, irmãos na mesma estrada.

A tela que estendo aqui
traz estes pensamentos de ti neste crepúsculo incandescente
na barra do dia dois de fevereiro,
a qual te dou em forma de poema,
o meu corriqueiro instrumento,
o meu pincel mais a mão,
o meu cavalete de madeira em letras,
minha paleta de cores: my words!
Desde que o pássaro partiu do paraíso,

vivo com o paraíso dentro e o que quero é esta presença.
Tudo o que se trilhará daqui pra frente é mistério,
como misteriosa foi a armadilha do que nos enlaçou lá.
Não aconteceu nada e rolou tudo,
quem poderá negar?
Não se pode mentir o passado nem ao futuro enganar.
Um amor que pode ser eterno,
tu não queres arriscar a perder por uma noite de sacanagem.
Há um perigoso erótico, fruto proibido entre nós.
É melhor não dar ouvidos ao que ronda nosso rio agora,
de traz pra frente até a foz.
A tarde arde, ouço o alarde no arrebol.

Te amo como uma cigarra
com as patas coladas ao pergaminho invisível da vida
numa tarde quente de verão.
O canto estridente que faz vibrar as asas crisálidas.
E ao mesmo tempo não te amo nada,
é tudo só tesão, atração, cilada.
É tudo invenção, não houve nada,
e eu te amo apenas como viajante da mesma delirante estrada,
dois companheiros do mesmo tempo na jornada,
nem homem nem mulher, nada.
E só uma alma encantada
com a tua música que fala
e é só a tua alma inebriada
com os arranjos de minha palavra.
A coisa não é complicada.
Foi só dois pássaros combinados e harmônicos
que foram brincar no sereno,
que tocaram a sinfonia dos infinitos
porque experimentaram do que não é pequeno.

Não sei tudo sobre o que digo
e não falo aqui só palavras que entendo.
Estou a serviço do oráculo e trago em mim,
sem saber nem conhecer, a composição da resposta.
Danou-se.
Agora tu não sais daqui
nem partes fechando a porta.

O vencedor

Ó enredo da vida,
ó vida que é encontro e é desterro,
não temo te perder para o outro amor, meu amor,
temo te perder para o medo.

O risco

Sua respiração no quarto ao lado,
pijama de algodão fino, leve, de cinza riscado,
eu pensando como minha vida
virou muito pro teu lado,
assim sem remédio.
Eu não sabia que era errado
quando aceitei teu chamado.
Tu, vestido assim tão pertinho de mim,
a perigosa boca macia
ao alcance do meu ensejo.
Meu deus,
o amor me pegou outra vez, já vejo.
Perambulo em sua liberdade,
o perigoso pátio do desejo,
e sou um ser cativo do seu realejo.

O baile

Não quero ficar longe demais
de seus escritos imperfeitos.
Os pensamentos também o são e isto é são.
Perdoa.
Permita que o erro ensine então.
Não nos deixe longe do nosso mistério,
do que não sabemos
Não me ausente de suas palavras bem ditas,
de sua boca dizendo elas
na velocidade do pensamento articulado.
Brilhante orador que atrai com a palavra,
tenha cuidado.
Vamos dançar no baile da intensa liberdade
lado a lado, devagar
Assim eu e você no céu do que será.
Dois pra lá
dois pra cá.

O enigma

Quando o anjo disse "melije",
sinceramente não entendi.

Agora entendo o sonho,
agora entendo a cilada,
a maravilhosa charada da Anunciação.
Ô meu deus, é de verdade a ilusão!

Poeminha para dizer adeus

Ó Tempo vivido,
ó Horas passadas,
não me arrependi!

Ó Coisas futuras,
tantas que sonhei e antevi,
fui vosso aprendiz.

Ó belas Coisas gozosas,
às quais não voltarei a ver porque parti,
perdoai se não me despedi.

A lua entregou tudo

Onde estará o poeta que surgiu na tarde encantada?
Onde estará o poeta, meu Deus, que na noite estrelada,
me deu de oferecer palavras-lábios ao luar?
Quem pode me revelar,
do delicioso e decidido cavaleiro, o paradeiro?
Ninguém sabe onde, em que lugar está,
qual secreta ilha o esconde.
Pelas ruas da Possibilândia, pelos muros,
espalho cartazes com sua cara, meu pop star,
pôsteres com o retrato falado do teu nome.

Onde estará o poeta que me beijou na madrugada,
me nutriu de poemas de paixão vida e louvor,
e me deixou com fome?
Responde, ó noite de lua, responde...
Responde, por favor.
Eu quero o poeta que me amou com imensos versos de amor
e que de novas literaturas mais me engravidou.
Reponde, ó luar, em que praia ou montanha estará a morar
o cavaleiro que me raptou daqui para as montanhas de lá,
e do sono depois do amor me despertou suave,
espargindo no meu rosto o perfume gostoso
vindo de um raminho frondoso de alecrim?

Já o procurei nas chapadas, nas cachoeiras,
nas ruas onde se fixam os edifícios,
mirei as janelas por onde me veem,

e não tenho encontrado o rosto do teu amado,
me disse a lua me enluarando assim, sei lá, meio de lado.

(Ô meu deus, se você não tem visto a lua,
então não recebe meus recados!)

Ocupação do silêncio

Meu peito ficou mudo.
De silêncio e ausência de ti
estão os seios tristes.
O mamilo reclama sua boca
deste lado.
Mas nada lhe acode o fado.
Nada apaga o não dito, o discurso guardado.

É a crônica do bico calado.

Lãmento

Como uma lama feia avançando o meu rio doce
a cada dia a realidade come um pedaço do meu desejo por você.

Exatamente como você queria
o amor morre da letargia da falta do que comer.
Não o nutres, não lhe ofereces mais palavras de bem-querer
e eu trabalho dentro e fora,
eu viajo mundo afora,
não a ponto de me perder.
Mas preocupa-me essa hora
em que não estou e você não dá ao amor
um prato de comida pra ele se manter.
Vem a onda tóxica,
vai matar nossos peixes beijos,
suas ovas, seus cheiros no meu pescoço,
sua boca no meu peito
seu ser na minha boca.
Tudo vai levando com crueldade.
O barco, a vela,
o furor da tempestade a lama leva.

Vai morrer o rio,
esta coisa mais linda, isto que sinto e o que vivemos dias.
Tudo vai morrer, rio, concha, maresia...
Que pena não podermos viver mais um pouco daquela nítida alegria,
à qual com maestria o destino nos convidou...

Pode crer,
como uma lama feia e tóxica
avançando o meu rio doce
a cada dia a realidade
come um pedaço de meu desejo por você.

Canto despertador

Eu já vi o galo cantar.
vi a barra do dia nascer
toda vez que o galo canta
meu coração quer morrer.
Acorda, Maria, meu bem
que a barra do dia já vem...

A musiquinha do jongo pulsando,
os fortes tambores
lá da Barra do Jucu vibrando,
porque tocava alto
me acordou antes das sete
e perto demais das seis.

Lá fora o pincel do dia
acabara de riscar faixa laranja
no acabamento do céu.
Uma hora de aurora, e eu
acordei quase triste,
desamparada curumim.

Só por causa da banda capixaba
de congo que passou tocando alto assim,
dentro de mim.

(Fevereiro, minha sina de 2015)

438

Sob neblina

Quero não ver o homem que vejo
e que não vejo agora.
Que merda.
Quimera.
Quero o poeta revolucionário,
o amante sincero traduzido em versos.
Quem me dera.
Quero o homem
que você disse que era.

O grande medo

No meu peito tenho medo de não receber o seu amor.
No meu peito,
campo aberto para esperança,
apresenta-se um medo a cada demora de palavra sua,
a cada dia sem um verso seu, um verso.
Meu peito controverso está te achando já não tão perto.
E dói entre montanhas vales desertos.
Dói só de pensar.
No meu peito temo o desencontrar.
No meu peito tenho medo de,
agora que estamos perdidos,
não mais te achar.

Presença da ausência

Saudade imensa de tua companhia.
Drummond ensinou que a saudade é excesso de presença.
Então é isso:
tua ausência está presente em mim,
tua falta ainda anda comigo
pra lá e pra cá.
Como se você não tivesse partido.
Como se ainda fosse voltar.

O valor

Você não vale estas palavras na noite.
Mas a poesia
desobediente,
puta,
inconsequente,
singra mares em seu nome.
Você não vale as palavras que come.

Você é a culpada do meu samba entristecer

Foi olhando nos meus olhos,
e com a sinceridade dos magoados,
que você me disse por que o meu não dissimulado atropelou sua
[canção.
Tudo estava parado.
A rocha, o mato, a rosa, o ramo, o botão.
Pensei naquela hora: será que é de amor esta hora?
Será que é de amor esta prosa?
Não será outra vez a antiga e moderna ilusão?
Sei que me perdi no corredor de minha vida,
entre a sala de estar e as salas de aula.
Sei que quase me casei,
por causa desse verso do Benito de Paula.

(Buenos Aires, 14 de novembro de 2008,
a bordo do barco El Tigre)

Bandida

Arguta
astuta
agulha
aguda
esguia
esperta
farpa
faca
lâmina
corte
fio
estilete
fina
ponta
alfinete
fome
falta
banquete
facão
espada
espeto
porrete
espinho
falta
bilhete
infinda

assassina
de matar,
mas saudade ainda,
vou te falar:
veio me visitar.

Luz do só

Não fosse o rio, sua discreta correnteza,
seu jeito de me banhar;
Deus do céu, não fosse esse mar,
seu caminho de espuma,
seu grão invisível a me salgar,
Deus do céu, não fosse o luar,
sua luz de cinema a me fazer
romântica e doce e a me inspirar;
não fossem as estrelas a me fazer contá-las,
a me constelar os sonhos,
não fosse Vênus a me iluminar;
Deus do céu, não fossem
as poesias brotadas desse só estar,
não fosse o sol meu rei a beijar minha pele
neste espetáculo diário dourado de vida e de dor,
que desperdício seriam estes dias sem amor.

(27 de março de 2007)

A absolvição

É tarde da hora.
Verdade não quer saber se é domingo.
Vontade não quer saber se é legítimo,
se é permitido ousar pensar em nós,
refletir, escrever.

É tarde na hora.
Tenho saudades de você,
Saudades desobedientes,
determinadas, valentes.
É domingo, não esquente.
Tenho saudade desta boca,
daquele beijo ardente,
daquele amor urgente.

Acode amor,
que nosso amor é inocente.

Vozerio

Sem parar de falar aqui dentro
vozes me habitam
na calada da noite.
Quero explicar meu desejo.
Palavras não me acodem.
Palavras exatas
não me esclarecem a contento.
Palavras que acredito,
palavras que invento!

Sem parar de gritar aqui dentro
vozes me agitam
na calada boca da noite.
Quero cantar os corações cheios,
entender seus enigmas,
traduzir as escolhas,
poetizar devaneios.
mas não sei.
Palavras me dissolvem,
palavras me comovem,
palavras exatas
não me socorrem.

Dor guarani

Ando por Sampaulo
Anhembi
Itaim
Ibirapuera
Cada placa fere meu dilema.
Me leva para nossa cama itinerante neste instante.
Vem o cheiro leve de sua pele tupã, mestiço amado, cunhatã.
Itapeva
Tietê
Anhanguera
Choro no carro, na janela.
O rosto escondido.
Lágrimas no reflexo do vidro.
Parto sem te ver.
A flecha da realidade me acertou.
Não duvido.
Sou um índio ferido.

Dor do desejo

A pior parte é recolher o amor,
puxar a linha que já ia para o céu,
retorná-la ao seu estado de novelo.
sem vê-lo,
sem beijá-lo,
sem comê-lo,
minha dieta fica mais prejudicada
e eu fico mais pobre.
As horas caminham sem ser pra te ver
e vão perdendo a importância.
As horas me levam à ignorância
do futuro que inda não vejo.
Toco o meu realejo em seu nome,
ó flor de meu desejo,
ó meu desejo em flor.

A pior parte é recolher o amor.

(Maio de 2015)

A negação do desejo

A contragosto,
abri a porta para o desejo sair.

Que tinha tesão em mim
mas que estava indisponível.
Que em meio àquela hora incerta,
não podia me querer direito.
Ó jogo da vida.
Ironia.
Não havia mais o que decidir.

A contragosto,
abri a porta para o desejo partir.

Os últimos passos de uma ilusão

Agora já se pode ver suas portas,
mas, juro, fiz quase tudo
que podia ter feito,
porque, como diz o poeta,
fico com aqueles que fizeram
o que era de se esperar:
Deixaram o coração decidir!

Pois não seja por isso,
deixei também
que este coração falasse,
cantasse, chorasse, pedisse,
opinasse, escolhesse, insistisse.
Deixei que ele consumisse o arsenal
de estratégias para te ver, te reencontrar.

Mas acabo de ver que,
por medo ou indecisão,
não caminhas a favor do nosso amor,
em sua direção.
E não se rega sozinho por muito tempo,
um jardim que é de dois, quatro mãos,
sua primeira condição.

Pois é coração,
me perdoe,
fiz tudo pra que o assunto não chegasse aqui não,
às portas da muralha da razão!

V

Baralho do sonho

A interpretação

Ó cartografia do sonho,
o que trazes?
A que leitura me cabem
tuas linhas de segredos,
seus mistérios milagres?

Sempre volto do sonho
portando alguns exemplares
de leituras de mim,
no ponto em que não me sei.

O sonho é uma cartomante
no museu do inconsciente.
O sonho é uma cigana jogando
cartas dentro da gente.

A partida

Às vezes tudo se inverte.
O destino é quem manda no jogo.
Tira tudo do lugar.

Silêncio.

Eu olho em rotação de olhar.
Espero.
Espero a minha vez de jogar.

A gira

Não sou o seu passado,
nem sei se este afeto
a algum futuro pertence.
Eu quero é o tudo que mora
no tempo do nosso presente!

Jogo dos sete erros entre texturas

Uma lua fabulosa incrustada no peito do céu!
Linda.
Lindo o esplendor que cobria de brilhos de estrelas a noite.
Violinos começo a ouvir
subindo o alpendre
avançando a sacada.
Acordo inebriada,
corro para a janela
descalça, apressada.
Era você e uma banda
formada de violinos,
com Chico Buarque tocando e errando tão lindo.
Eu me levanto nua,
e vejo da sacada do jardim, vocês na rua,
acertando o sustenido
cantando e sorrindo
entre poemas de um amor carmim
sombras cúmplices das árvores
vultos elegantes na penumbra assim...
Ô meu deus,
uma serenata pra mim?
Era sim.

Mas...
Joga a chave pra ela, Jacobina!
A voz lancinante da vizinha

explode e me desatina
aguda demais, irritante.
A voz buzina em meu ouvido
e eu desperto em descompasso,
arrancada do ambiente colorido, fantástico!
Diferente.
Um ambiente impressionista,
ao mesmo tempo uma película Dogma,
de um *fog* muito realista.
Acordei esquisita.
Querendo o que deixara no sonho.
Desejando a banda lá dentro,
o violino do compositor popular,
e você, meu pop star,
soltando a voz no jardim interior de mim,
na minha sala de estar.

No entanto,
no outro dia amanheço, lavo o rosto,
tomo café, tomo banho, bebo chá.
Vou trabalhar e aqui está o doce conjunto de liras:
A banda, os instrumentos, os poemas,
os seus amigos, os que toparam vir contigo até aqui
me serenatear.

Passado vivido e vida onírica
são muito parecidos de lembrar,
são filmes da mesma textura.
Sonho e vida, tudo passa,
tudo é recordar.
O que é vida? Onde é loucura?
Quem vai saber reparar?

Sonho ou vida,
quem vai saber separar?
A banda me acompanha nas noites
dentro de mim ao luar.
Quem vai fazê-la parar?

Mora em mim isso tudo:
esta paisagem, este monolito
alvoroço em meu leito,
o doce escarcéu.
Uma lua fabulosa
incrustada no peito do meu céu.

No simples cochilo

Eu era naquela hora trabalhador exausto,
corpo alquebrado
desabado sobre a cama.
Paisagem de cansaço sem tempo de camisola ou pijama.
Nem era sono, foi cochilo e rápido.
Nem era cochilo, era exaustão.
Nem era sem forças só
posto que era também rendição.
Aproveitando-se da ocasião então,
veio em sonho.
Caminhava ao meu lado, belo e tímido e íntimo e devasso.
O ombro lindo, o firme braço suposto trazia nas mãos minha cintura:
domínio, leveza, destreza e doçura.
E bastava pra que a rua fosse o céu as alturas.
Tinha os mesmos olhos amantes
a mesma erótica formosura.
Andávamos alegres pela deserta rua
em conversas, segredos, risadas, travessuras.
Indecências sussurradas ao pé do ouvido.
Os dois caminham na tênue linha entre o mundo sonhado que há
[na aventura,
antes que retornassem à terra real, à realidade dura.
Beijou-me.
O corpo rente ao meu.
Respirações.

A língua baila beleza sobre a fúria.
Eu querendo ser dele,
da inebriante figura.

Depois como se o dia
amanhecesse de súbito
em meio à madrugada estrelada
fui pelas mãos dos ventos
bruscamente acordada.
Portas janelas escancaradas
Permitiam chuva e ventania dentro da casa.

Se alguém observa a cena,
me encontra agora sentada,
assustada nua sobre a cama
onde já não havia nada.
Tudo desaparecera num átimo:
Homem passeio e deliciosa atração desvairada.

Eta vida mistério,
eta trama encantada,
outra vez ficara retida dentro do sonho
a melhor parte da estrada.

Estratégia noturna

Surgia de trás de mim.
Tudo era muito perto.
Me puxava pelo ombro direito
para que a manobra nos conduzisse
ao delicioso beijo.
Com fervor e primeiro,
beijou-me as costas
combinando amor e desejo.
Beijava minhas bocas,
concentrado e inteiro,
exatamente como fez no primeiro
janeiro e no primeiro encontro
naquele novembro de encanto,
antes da dor de fevereiro.
Disse que nosso amor habitava
os anais de seu pensamento,
e que eram poucos os momentos
em que de nós se desligava.
Era gostoso, era setembro,
me abraçava.
Sabia o que estava acontecendo
mas não temia nem se espantava.
O cheiro de prazer no quarto.
As horas voltando pra trás,
para que não houvesse despedida,
para que houvesse ali uma vida

onde nosso clamor pudesse
arder em paz.

Mas foi sonho, realidade concedida,
coisa inventada no sono, pra que jamais chegasse o nunca mais.

A nave

Lembrando eu circulo.
Viajo longe.
Exerço a utopia de te ter
pra além dos muros.
Vou em tais asas para o passado e transito no futuro.
Flutuo invisível
e incólume ocupo o presente.
Tudo dentro da cabeça.
Vou na nave da utopia rumo à pátria da Possibilândia.

Agora mesmo, vim ao saguão da esperança onde nos despedimos.
A voz da praia repetindo na memória do bonito passeio, reluzindo:
filma ela, Oswaldo
a voz de gralha, e nós dois rindo.
Estou em seus braços.
Você tão lindo.
A boca gostosa
me chamou luzindo,
o beijo vindo como
pai de outros beijos,
grandes e pequeninos.
A língua, o gosto, tocam os sinos.
A maciez dos lábios
o abraço colado, nos despedimos.
Voei de volta pra casa,

mas aprendi o caminho do paraíso.
E cada vez que preciso vou na mesma asa
Vencer a distância, a circunstância, o improvável.

Se o sonho é plausível
o amor é palpável.

Busão da madruga

Na madrugada costumo viajar.
Pouco antes de dormir, assim
sem mala arrumada ou certa
vou pra lá.
Impressionante.
Não há perigo de não ir
De não chegar,
não se foge do ocorrido
E por isso você está sempre lá.
Me convida: *quero te provar*
E se eu quiser toda hora repito a cena.
Volto lá.
Sem perigo de ferir a película,
deteriorar.
É passado o que foi presente mas
há sempre uma nave disponível a nos levar na cidade
onde acontecemos na praça emocional, onde fomos verdadeiramente
[nós.

Pego a barca, o disco voador,
embarco como alento
na máquina do túnel do tempo,
lá vou eu, velejador!
Chego, encontro meu amor nu
naquela cama, daquele jeito.
Está lá o que faz comigo editado neste conceito.
Tem quase o mesmo efeito do mesmo encontro
quando se deu na vida real.

Vou lá no trem-bala memorial,
volto muitas vezes, é genial.
Você está lá,
à mercê do nosso desejo
à mercê do modo poético do nosso intacto amor,
a repetir infinitamente palavras e atos deste amor
antes da primeira dor,
anterior à inevitável despedida.
Aquele mesmo calor.
Imperecível, como a lembrança do nosso primeiro amor.

Lusco-fusco

Na cadeira branca do meu jardim
está o homem nu
tocando violão sob a noite enluarada.
Cinema. Delícia. Depois da eufórica alegria, a calmaria.
Acabara de me ter.
Tudo silencia, motores ao longe, carros, cães, ladraria.
A misteriosa presença do mundo real impera na madrugada.
Os acordes da viola encantada
encostada em seu corpo vivo.
O instrumento de madeira
e você, homem noturno, é de carne
e me chama toda hora ao beijo.
E você no jardim, minha doideira!
Quem saberá distinguir se é sonho
esta viagem,
ou será outra vez a sofisticagem da realidade a nos confundir?
Eu, o sonhador acordado,
o quimerante que para sonhar prescinde do dormir,
não sei se és inventado,
verdade mesmo do fato,
ou se acabei cochilando aqui.

O cavalheiro da madrugada

Ficasse eu aqui sentada neste jardim,
nesta escrivaninha, nesta sacada,
muitos poemas eternos faria por ti.
Acontece que a vida é efêmera e regrada.
Lá tem a hora de dormir,
a hora em que o inconsciente reina.
O que me embala é saber que podes
brotar outra vez essa noite,
como no mesmo sonho de hoje à tarde,
quando nitidamente me visitaste
numa das minhas raríssimas sestas.
Senti teu peso sobre mim,
mais real do que onírico,
sugando meu peito real e nítido,
sem barulho na porta de entrada,
como um namorado acostumado
a chegar de madrugada.

A promessa

O sonho era claro:
tarde ensolaradíssima,
ninguém claridade podia ser mais do que eram
aquelas margens ornadas por reluzentes verdes.
O homem surge no meio do rio
com um sorriso iluminado e me olha.
Nessa hora, no sonho, eu pensei:
Nunca mais vou fazer menção de beijar ele,
nunca mais.
Só beijo se ele me beijar.
Pensei e mergulhei tocando o fundo do rio com as mãos,
balbuciando e reforçando a jura, só pra confirmar.
Na película onírica, via-se lá embaixo,
no turvo obscuro, a água dourada sob um rio cor de mate.
Miragem.
Regressada à superfície, declarei:
— Eu pago muita promessa neste rio.
— Ah, é? E o que é que você pede, querida?
— Eu não peço nada, só cumpro. Aí, quando precisar tenho crédito.
— Então vem cá que eu vou pagar uma promessa.
E o cavalheiro me beijou,
beija-flor no hibisco
mar lambendo a areia
pescador com a sereia
zangão à flor.
A delicadeza daquilo
era da mesma natureza da discreta correnteza.

Só nós dois no rio.
A tarde triscava.
Quem chegava via e recuava.
Dizem que um moço da cidade
viu lá da estrada o beijamento.
Nós estávamos ali dentro
daquele gerúndio de encantamento
quando percebi que tudo era ininteligível
compreendi que era mistério.
Guardo o cheiro daquilo tudo.
O abraço que minhas pernas deram
em torno da cintura dele, corpos flutuantes...
Tudo leve. Sem sofreguidão ou pressa.
Eu levitava na água doce.
E queria beber mais um gole daquela promessa.
Depois, o sol, a tarde, a claridade calma, a paz,
a música e o chapéu dele na paisagem quieta,
coisa lírica
que agora em palavras componho.
Creia-me:
acordei e não era sonho.

I'm looking for

Onde mora o que vivemos?
A memória se encarrega
da imperecível preservação das cenas,
mas isso a que chamamos acontecido
é o quê mesmo? Do que é feito?
De que matéria não fenece
a não ser quando esquecido?

Nós dois, fim de primavera,
tal verão enlouquecido,
nosso inspirado amor, a quimera
doce encontro escrito e merecido,
em mil palavras de amor tecido.
Pergunto:
onde estará morando tudo isso?

Não entendo, ninguém responde.
Tudo bem, não compreendo,
mas viajo constantemente para
onde mora o que vivemos.

Pensamento da manhã

"A porta da loja estava apinhada
de gentes e balangandãs como no
mercado da Vila Rubim
sábado na minha infância capixaba."
Acordo tarde com essa
frase ainda ecoando na
boca do pensamento,
como um pedaço de sonho,
um retalho trazido do misterioso tecido onírico.

Reparo: desde que tudo acabou,
durmo só de um lado da cama,
como se ele fosse voltar.
Acho que guardo e reservo o lugar dele.
Ele o amor que se foi,
ele o amor que virá.

(Rio de Janeiro, 28 de janeiro de 2007)

O inominável

Acordei e era sonho.
O vento que sopra na varanda
do que reclama?
Por quem chama sua voz
de ar em movimento, precioso vento?
Encontro sua boca na minha.
Um beijo que não quer parar de exercer sua via dupla.
Deparo-me com suas mãos dando a volta em minha cintura,
descubro uma pintinha atrás da orelha esquerda sua,
um sinal de que pode se achar por ali
mais caminhos de afeto e prazer.
Eu rolo na cama, na penumbra do quarto,
nem sei o que dizer.
O que se derrama sobre as costas,
sobre os quartos,
é o amor que esgotou o estoque de toalhas
e invadiu o tatame dos amantes
com seu mar em ondas de quero mais.
Quem pode com isso, meu pai,
esses gritos, esses gemidos, entre homens e mulheres
que também são animais?
Clama o vento lá fora encobrindo o lume da lua cheia.
Enquanto isso, ele me recolhe pelo dorso,
me enlaça em concha,
estrela do mar, sereia,
beija devagar o pescoço,
diz palavras obscenas, palavras pequenas, por isso elegantes.

Fala a palavra safada que é divina para os errantes,
são palavras do mundo
palavras diamantes.
E recomeça o trote, o cavalgar,
a estrada incerta e clara pelo universo do outro,
pelo corpo material e emocional do outro.
Outra vez o bater das ondas no banco de areia daquele desejo.
Outra vez o cansaço do que nem nome tem.
Outra vez o beijo.
O uivo do vento lá fora,
anuncia a presença do que não vem.
Fecho os olhos para dormir e não mais ver o que suponho.

Basta,
apaguem a luz.
Acordei e era sonho.

A rua é nóis

Eis que,
diante de minha janela,
desponta uma ruinha linda que já havia visto antes.
A visão quase me mata.
(Dava quase pra ouvir a gargalhada
do destino rindo)
Sim, era sim, a nossa ruinha querida!
Aquela que ancorou nosso primeiro assombro.
Vê-la atiça meu devaneio,
Percebê-la, volatiza em meu peito
a corporal memória amorosa
daquela nossa primeira noite.
O cenário mágico do dia sublime
dos corações expandidos.
Não sei de luz de poste.
Só me lembro da lua, nossos beijos,
sua boca, nossa loucura,
sua cara maior que a madrugada.

Mas não foi aqui
foi noutro tempo
Outro mundo.
Outra estrada.
Porque a ruinha
fixou-se agora em lugar de sonho
Por isso não tem mais nome
endereço, cidade, nada,

mora agora em outro estado,

no eterno onírico,

como cena encantada.

Vive lá linda, ardente, bem guardada.

E só por nós pode ser visitada.

(Ouro Preto, abril de 2015)

O retorno de quem vai

Quando venho de te encontrar
não sou a mesma.
Nos primeiros dias
tudo que a cabeça quer
é uma oportunidade pra lembrar.
Tudo que a alma quer
é um caminho inventado firme
que vai no vivido buscar
seiva para se nutrir, se alimentar.
Repito: Há um território entre memória e sonho
muito propício pra viajar.

Quando venho de te encontrar
minha figura se encontra e se dissitua.
Fico uma doida inofensiva.
Paro em móveis,
estaco em cômodas à beira da cama,
molho demorado o jardim,
o olhar fica perdido na paisagem desfocada
na janela da cozinha,
enquanto a faca, paralisada horas,
fica posta em gume sobre a cebola sem cortar.

Quem comanda o gesto não está lá.
Foi passear na noite fria ao luar
com o poeta que a leva
para a terra de sonhar.

VI

El deseo, a lira dos amantes

*"Sem ser João Batista, você batizou meu corpo
na crista das ondas do mar, aí me abriu feito
ostra e colheu minha pérola para Yemanjá."*

Sérgio Sampaio

O velho crime

Desde o dia em que os amantes foram descobertos,
Adão me deixou sozinha no deserto
a compor na areia inquietos versos de amor.
De longe, de quando em vez,
me envia cifradíssimos sinais de fumaça.
Mas não basta.
É pouco para quem já se fartou em banquetes de palavras
em forte atividade vulcânica.
No amor deles há química, vida, poesia, beleza emocional,
animal e botânica!
Mas desde o dia em que os amantes foram achados
em escritas circunstâncias
foram também condenados
à tortura da distância,
à dura sentença da incomunicabilidade.
Nem frases extensas nem poemas,
só longos e raros telefonemas.
Este é o regime,
o preço árduo do dilema.
Este é o esquema onde a culpa é a rainha do espetáculo
no mais antigo teatro do mundo!

Desde o dia que os amantes foram a juízo,
repetiu-se a tirania e,
mais uma vez,
fomos expulsos do paraíso.

Mais uma dose

Por que não basta o que vivemos?
O Insaciável põe quase sempre
a gulosa mão sobre as escolhas,
e o quero-mais bate suas asas inquietas sobre a vontade!
Por que não bastam os abraços,
os sucessivos beijos dados,
um dentro do outro,
e os dois, no tempo em que passaram lado a lado?
Uns três, quatro encontros, todo mundo saciado, e pronto, tudo
[acabado?
Por que não quedamos só com isso?
Com isso tudo que aqui vivemos?
Por que sempre mais e mais
é o que queremos?
Há sempre o desejo imenso do surgimento intenso de mais um beijo,
só mais um, em nova oportunidade.

É que o insaciável pousa
sua desejosa mão sobre as escolhas
e o "quero- mais" bate suas asas gulosas sobre a vontade!

Precious memory of the body

Quando penso em você
é no corpo que a coisa dá.
Alarma-se.
Vem de dentro um impulso
de sensação sensacional,
vem por dentro das pernas,
vem por dentro delas, entre elas, eu acho.
Ou virá dos países baixos?

Penso você,
e na mesma hora de repente,
responde aqui no baixo ventre
um gostoso igual, mas diferente,
nesta base,
como se você estivesse aqui,
quase.

É um processo isso.
Uma viagem.
Uma experiência de, pela memória
acessar o gozo outra vez, reprise.
Gostoso e repetido.
Chama-se orgasmo evocativo.

Pergunta

Quer casar comigo?
Mais que fã da resposta
eu gosto é do pedido!
Porque não me interessam as obrigações no amor.
Leis regendo o amor não me encantam.
Quem ama não obedece a outro senhor.
Os amantes não merecem leis,
seu sentimento pede acordos.
Corro na noite o olhar.
Escorro no bojo de uma lágrima
no canto do olho.
Penso em beijo nos lábios.
As bocas querendo,
quase inconscientes.
Só a fera do desejo no comando, perigosamente.
Lá fora a lua cheia desencadeia o filme da lembrança:
Nós dois ao luar, transformados.
Era feita de olhar a aliança.

Mas não há ninguém.
Estou hoje saudosa de casamento.
Aquele interior de apartamento no meio da cidade,
o sexo soberano nos cômodos da casa, em todos os lugares.
Eu gosto dos amores onde for,
nas ilhas, nas praias, nos bares.

Ai que saudade das cumplicidades dos pares,
nas pousadas, nas cabanas, nos vales.
Mas não saudade da inscrição casamento
embora me agrade a união, a parceria,
o entretenimento do amor que é também amigo...
Não prefiro a cerimônia, não exijo o documento expedido.
Não faço questão do contrato.
Quero é os dois pelados na cama, na grama,
as conversas, as gargalhadas, os gemidos...

Quer casar comigo?
Eu gosto é do pedido!

Pensamento, pátio da liberdade!

No meio da reunião
planilhas orçamentos
documentos prazos contratos sobre a mesa...

E surge-me tua boca.
Macia. Gostosa. Cantante.
Surgira? Ou ancorei-me nela para partir desta sala executiva
rumo ao paraíso certo dos teus beijos?

Ó meu desejo,
derramo a memória de nós sobre os homens desanimadores
que presidem as reuniões ornadas de pura burocracia.

Pois o que eu queria
era deitar pelada na referida mesa agora,
à espera de teu pau em mim.
Dadivosa,
entregue,
fonte,
cachoeira,
soberana,
sobre a tábua firme de madeira,
espantando conservadores do local

Que beleza!
Que reunião que nada...
Nada mal, já vem vindo teu pau!

Comum de dois

Quisera dizer o nome dele mas não posso.
Nem se sabe se é amor.
O enamoramento deu-se na raiz da manhã.
Desde este dia ninguém mais foi o mesmo.
Passaram um pelo outro e não foi indiferença.
Atraídos pelo invisível elo, o comum ímã dos distraídos,
os amantes se encontraram,
e agora é que estão perdidos.

(Angra dos Reis,
quase primavera)

Mistério da pedra preta

A pedra preta quieta
no instante da estante
entre bibelôs,
guardando ali o fundo dos rios.
Tudo ali,
eterno na memória sonora da concha.

Guarda-se ali,
no segredo mineral
tudo que for preciso.
Principalmente
esta rara espécie de amor
e aqueles tais dias no paraíso.

Estilo

Ó meu pequeno grande bem
meu homem sofisticado e simples,
meu homem humano,
imenso e minúsculo,
conforme os ditames do tempo,
deixa-me ser hoje seu Pilates
a força firme dos teus músculos.
Quero ser a costa dos seus mares,
janela mágica de seus encantares,
balcão dos seus olhares,
inspiração para os seus cantares!

Quero ser a vista de seus falares, campo florido,
o jardim do éden, aquela paisagem
que te faz capaz de manobras imprevisíveis,
e dentro de mim o delicioso autor das narrativas livres.

Inútil indagação

Por que não desci a escada
não me expus declarada,
Àquele beijo, àquela vontade?
Por que deixei que o dia outra vez o levasse?
Sabia que não podia pedir que ficasse.
Mas também não queria que o beijo acabasse.
Mas ainda que eu tentasse,
sei que o labor de um homem é tão importante quanto o seu amor.
Aliás, por que o espanto?
Estamos todos sempre partindo de um instante para o outro,
de um lugar para outro,
de um entendimento para outro,
de um estado de si para.
Mas sua boca não quer saber de nada.
Irresponsável, me chama com aquela cor de sua boca,
o anúncio de beijo mais macio do qual já se ouviu falar!
E, como é raro, você sabe, não se pode desperdiçar.
Por isso, por causa daquele cheiro,
por causa daquele beijo que aquela boca sabe dar,
eu não paro de me perguntar:
por que não desci mais uma vez a escada
pra retribuir de perto o beijo alado que de baixo ele me lançou?
Por que não me atirei da sacada
pra tomar mais uma dose
do que o desejo prometeu?
Por que Julieta não percorreu os degraus da branca pedra
pra mais uma vez beijar Romeu?

Iluminados

Gostei da luz âmbar sobre a mesinha
no canto do quarto.
Na parede branca a luzinha pinta
um céu de lindo poente,
e a gente dorme melhor.
Afinal o que é dormir
senão morrer um pouco?
Senão um se pôr efêmero,
uma parada,
uma estratégica retirada de onde nos metemos?
Uma escapada deste vagão veloz que não para desde que nascemos?

Estou cansada e feliz da festa de ontem madrugada adentro.
Cansada de tudo e isto tudo somado ao trabalho de hoje,
à concentração,
ao foco a favor da cena, ao uso da emoção,
à consciência da fibragem dos músculos em prol da atuação da alma.

Acabo de banhar-me vinda do teatro.
Olho o ilustre alaranjado do quarto
e ponho o meu último pensamento em ti,
meu personagem maravilhoso, um príncipe,
verdade inventada, sujeito maiúsculo.
Âmbar conchinha com você a quem eu busco.
Âmbar dormir com você,
ambos nesta luz de crepúsculo.

O efêmero

O que foi isso?
Choriço.
Com quê?
Com feitiço.
Sei dizer que são coriscos.
Passam fatos,
nos envolvem,
nos dissolvem,
nos diluem,
nos devolvem,
nos inscrevem,
nos resolvem.
O que foi isso?
Isso que se viveu de repente?

Foi por muito tempo futuro,
é passado hoje,
e por um instante eterno
chamou-se presente.

Mandamento é mandamento

É domingo.
O amai-vos uns aos outros pulsa em mim nesta manhã azul.
Quero fugir contigo
para o país daquele domingo
em que te conheci.

É domingo.
Quero beijar sua boca
em frente à igreja da matriz.
O dia todo sem parar, se for preciso,
entrando e saindo da igrejinha gótica,
saindo e entrando da igrejinha molhada.

É domingo.
Quero pecar ali com muito amor,
quero ficar ali com fé e fervor,
fazendo o que Jesus mandou.

No alpendre

O presente chegou com a aurora.
Queria ouvir sua voz,
queria beijar sua boca mais mil vezes,
queria sentir suas mãos espalmadas no meu rosto,
guardando minha face,
suas mãos como se fossem o espalhamento do beijo,
como se o gesto fosse beijo também.
Queria te ver de novo,
me perder no seu olhar de nunseiquê.
Escrevo pra ver se migra para o papel
este rebanho de pensamentos de você,
filme repetido na memória,
lembrança da língua nova e antiga, favo de mel.
Quem pode tirar de mim, além desta folha de papel,
o dia nascendo lá fora
A noite partindo vigorosa e carmim,
seus olhos dentro dos meus na clara varanda do jardim
guardando as letras da palavra sim?
Li seu olhar de mar.
Desnudou-me ali.
Veio me banhar.
Quem de vós terá me visto, meu doce Oxalá?
Um pai viu a menina.
O macho farejou a fêmea.
O cavalheiro reconheceu a dama.
Abençoou-os Yemanjá.

Me chama,
diz meu nome ao pé do ouvido,
surge aqui aos pés da cama,
vem passear na minh'alma,
cavalgar no lombo dos meus instantes.
Guardo a imagem estonteante
do homem chegando tímido e ousado contra todos os medos.
O homem descendo os degraus apagando as chamas das velas
com as pontas dos dedos.
Vem abrir minhas gavetas.
Vem ser você voltando porque te deu na veneta.
Vem ser você subindo pela terceira vez a mesma escada
e jamais partindo.
Vem ser o amante escalando a sacada
para mais uma vez amar a sua amada.
Vem ser Romeu abrindo do destino esta gaveta
pra mais uma vez beijar sua Julieta.

Poema da montanha

Aqui neste alto lugar, cujas noites o inverno esfriará,
está você, seu coração de poeta,
sua força de leão malocada no peito sonhador.
Meu amor,
quando o melhor motivo dos teus olhos já estiver bem protegido,
vão te abençoar os sonhos escolhidos para brilhar.
Jaulas, grades, invisíveis correntes nada disso resistirá à sua fúria
                                                    [descontente.

Peço, crendo e crente na lúdica presença de uma estrela cadente.
Pela janela uma lua quase cheia pronuncia em boca sensual
a silabação de seu nome pra mim.
Quase morro diante dela e da única estrela em frente à minha janela
que a nuvem permite que se perceba.
Receba estes beijos guardados aqui.
São beijos, feito de verdade e segredo meu homem.

O céu luminoso me dói e distrai.
A lua me disse seu nome.

Riqueza

Dia de festa.
Entrou na minha casa
de madrugada
e na minha vida depois da aurora.
Atraída pelos olhos e elogios,
pelas palavras doces e apressadas
oriundas de um homem tímido
no meio da noite acesa, obedeci a linha do destino, a via tesa.

Ofereceu-me de uma vez seu nome,
sua beleza:
Henrique, ele disse.
Que lindo!
Na fala do meu pensamento
aquele nome era um ornamento.
Um nome que vive sem sobrenome.
Bastava o nome puro do homem puro
ali à minha frente.
O dia raiando sobre nós na varanda,
o longo final da festa,
a vida diferente,
a força que nunca cessa,
a música que não tem fim.
Inebriado de um desejo imponente,
o homem lindo e seus olhos moles, indecentes sob as lentes
e sobre mim,
põe suas prendas na mesa

e a mesa sou eu, a toalha macia,
o lençol fino na cama grega.

Até hoje me ama
com grandezas quentes,
gestos inesquecíveis no meio da correnteza de um rio atraente.
O rei e eu, duas deliciosas realezas
rolando em fogo ardente.

Vai e quando vai
o faz sem deixar certezas.
O que deixa em mim quando sai
é uma fortuna difícil de ser explicada mas nem por isso
devo deixar de herdá-la

Mesmo agora, quando não está,
mesmo agora quando nem sei se voltará,
parte como quem vai chegar
e eu sigo impregnada do esplendor do que aconteceu.
Lindo amor particular,
rico amor peculiar,
só meu e seu, e talvez
nunca nenhum de nós
seja um dia aquele que perdeu.
Ama-me como mulher,
amante e menina.
como um cavaleiro que invento
e ao mesmo tempo
qual um macho meu.
Mesmo quando um dia eu te esqueça
levo comigo me constituindo
aquilo que a gente viveu.
O homem Henrique,
o nome que me enriqueceu.

O reconhecimento

Os amantes estão acalmados
desde o dia em que marcaram o inevitável:
o próximo encontro!
Não entendem nada,
mas sentem que há algo acontecendo
misteriosamente familiar e estranhamente desconhecido.
(É isso mesmo este último verso, desprovido de paradoxo.)
Os amantes estão com o pensamento no ócio,
na pousada, no ninho,
na montanha fincada nos arredores de um horizonte belo.
O pensamento no colo do outro, terno,
no corpo do outro, dentro.
Os amantes estão serenados, quietos.
Ganharam uma semana antes do primeiro combinado e são raros
os que conseguem puxar para perto do desejo a corda do tempo.
A linha do tênue, rápido, lento e invisível fio.
Os amantes são crianças no desafio, protegidas pela inocência.
Se lançam na volta brusca da montanha-russa
vibrando nos vales de São Sebastião das águas claras
onde se tira o real da ilusão.
Não sabem nada.
A memória está fixada na noite mágica em que se conheceram,
a onda ancestral da deliciosa libido.
Não duvido.
Os amantes se amaram uma só vez
e não se esqueceram.
Se amaram e se reconheceram.

El deseo

Os seres humanos,
irresponsáveis animais,
inventam leis que os perturbam demais! Doideira!
O que não é permitido
propõe o inviável.
Besteira pretender dominar o indomável!!!

É proibido desejar outro.
E o desejamos assim mesmo.
É proibido transar com o outro.
Mas transamos assim mesmo.
Quer dizer, eu não
Que eu não sou disso.
A culpa é dele.
Foi ela, foi ele, não foi isso.
Foi o outro.
Eu fui apenas
arrastada para o pecado.
Meu corpo ficou quente todo quente
quando ele me olhou meio de lado e,
por sua causa,
eu não quis mais voltar pra casa.
O culpado é o outro que nos telefonou, nos induziu.
Mandou flores,
vestiu aquele vestido irresistível,
ou aquela linda camisa azul anil.

Você viu?
Puta que pariu!
Só pra me maltratar,
me lançou determinado olhar
e no feitiço aceitei tudo.
Mas esse tudo é por nós proibido.
Sabendo disso,
quando o outro nos chama ao abismo,
por que se obedece?
Pra essas coisas não nos pegam à força...,
suas armas são até atraentes!!!
Gastam cartas recados bilhetes,
angariam pelo menos um beijo na boca,
cantam em falsete,
nos surpreendem em viagens, esquinas,
paisagens, sorvetes!
O desejo não entende a engrenagem,
rola solto e autorizado,
na grama na aragem e pensa:
se não podem,
então por que desta forma agem?
Por que a deliciosa sacanagem
na garagem?!
Se é tudo errado
por que caminhar à beira do perigo?
É que ninguém quer assumir.
Seria uma derrota e
ninguém quer admitir que,
apesar de tanta mentalidade, somos animais!
O problema é que vive em nós ainda,
aquilo que se desgoverna e aí...
Nada nos governa mais!

Tentamos sobre nós
opressivos sistemas "civilizatórios"
definitivamente não ancestrais.
Doideira.
Afirmamos que determinados
quereres,
assim determinados pelas circunstâncias,
desfalcam nosso bom caráter,
escandalizam nossa esperança,
fazem do romântico mocinho
sagaz bandido,
e da sonhadora donzela
veterana cadela.
Foram vistos no parque aos beijos
como se não fossem com outros comprometidos?!
Infâmia, luxúria, amantes malditos!

Comentários ungidos de veneno, medo inveja, pois somos realmente
[verdadeiros enquanto somos aquilo que somos
[quando apaga-se a luz.
Amanhece e vem a cruz.
Nos tortura nossa própria linha dura.
O chicote do conceito estala sobre nossa carne pura.
Deixa profundos cortes.
Palavras que sangram e não curam ardem sem remédio ou hospital
[que nos suture ou acolha!
Doem, ferem o solo do nosso desejo.
Amargam as deliciosas atitudes num grande arrependimento
de tais escolhas.
Como se não fôssemos os mesmos atores do mesmo doido circo,
velhos ou novos em folha.
Somos os mesmos,

os hipócritas, os bolhas,
o juiz e o réu,
o humano e o bicho no mesmo terreiro,
querendo e negando o céu.
Ouve-se o berreiro, um escarcéu
O que foi isso?
Perguntam na algazarra do poleiro.
É o ser humano castigando seu animal de estimação, ele mesmo!!
Dando-lhe insanas ordens contra sua natureza,
testando a destreza de sua rígida educação.

É isso a gente,
o desejo é que desobediente
e a culpa é dele,
toda dele.
Minha não.
Eu sou inocentezinha.
Ele é que é a traição.
Eu sou boazinha,
ele é que é o cão!

A espiã

A rua ladeira vai dar lá em cima
na barra do dia.
A mulher se arrepia encostada ao homem do automóvel
naquela quase manhã.
Beijo.
O açoite delicioso do encontro.
O ponto.
As bocas, nem sei se sabem o que querem,
mas diferem dos calados,
porque, sem palavras, discursam
línguas, intenções, desejos.
Ensaiam movimentos atravessam ensejos.
O homem enfia a mão por debaixo da tentação do vestido.
A rua, os paralelepípedos,
tudo vibra e conhece a palavra sarro.
A que se faz sem pronúncia.
A palavra que rima encostada no branco carro.
Insuspeita, a lua que não há,
assiste, como uma curiosa vizinha,
a posição dos corpos, sem margem de erro,
sem perigo de desencontro.
Bocas se separam para dar lugar
às palavras despedidas.
Boa noite, até Domingo, minha vida!
Lábios, balbuciam quentes, molhados:
meu príncipe, minha princesa,
o desejo estende a toalha perversa

De sua mesa e se adia.
É quase dia. Tchau.
O olhar dos dois sobre a distância
trincou a rua e aruá tremeu.
Vi tudo.
A mulher era eu.

(28 de maio de 2009)

Doce ameaça

A lua de abril abriu as janelas.
A lua de abriu adentrou a varanda.
Agora incide sobre os seres,
mas o desejo não está liberado para a cena.
Apenas pulsa como quem precisa sair
como quem não deve sair
como quem quer sair
como quem não se emenda.

A lua de outono
invade o teatro dos amantes domados.
A lua linda dos namorados
brilha lá fora dentro,
firme, luminosa,
aparentemente serena.
E o desejo ensaiando
e o desejo ameaçando
saltar pra fora do peito,
feito um poema.

O deus da ausência

Por deus,
quem é o rei cruel que castiga os amantes?
Quem os pune assim, aos perdidos, delirantes?
Quem os golpeia com longas distâncias?
Quem os perfura com tantas ausências?
Quem provoca em seu peito este sangue carmim
que jorra da falta de beijos e de abraços sem fim?
Ninguém responde.
O que o silêncio das noites quietas esconde
é o rio do desejo correndo contínuo na paisagem
do interior das gentes que ninguém vê.
Sem parar este rio segue,
serpente sinuosa caçando solução para o seu querer.
Por deus,
quem é faz dos amantes
este clamor nas eternas esperas?
Quem promove este desperdício de quimeras?
Quem não dá de comer às feras?
Quem consente tanto desprezo às promessas?
Quem deixa a saudade roer as horas?
Quem permite as frustrações, a formação das ânsias,
a produção das faltas, o surgimento de emocionais sequelas?
Que deus cruel autoriza o rolamento dos corpos sozinhos noite
[afora,
mas cada um na sua cama,
querendo a chama e almejando parar o que pela ausência os
[desespera?

509

Cala o tirano.

Nada diz o anônimo ser que adia encontros.

Sabe que os enamorados poderiam estar agora enveredados nos
[próprios corpos

na noite alta estrelada sobre a praia deserta, ao canto da sereia,

aninhados na canga estendida sobre o chão de areia.

Mas não deixa.

E o prazer uivando feito matilha.

Mas aquele rei perverso que determina as distâncias

Esparge ansiedades no peito dos amantes,

e não os une mais uma vez, mais esta noite.

A sensação de que lhes está sendo roubada a seiva da vida no
[desperdício do não encontro corrói os minutos,

comanda o pranto.

A mesa do bar e as duas cadeiras,

As duas poltronas juntas no cinema,

As almofadas sobre o tapete perto da lareira,

Os bancos de praça entre arvores românticas,

As camas macias das pousadas montanhas frias com seus lençóis
[bordados,

Os salões de dança com a orquestra e os seus gingados,

os sambas e o seu rebolados,

Tudo esta ali, menos os amantes!

O deus das ausências proíbe, caçoa

e ri seu riso duro, consoante.

Sabe que dariam a vida por um beijo,

que negociariam fortunas de estimação por uns míseros instantes
[juntos.

Só minuto de eternidade os passarinhos querem em presença da flor

e basta, porque é sempre pouco e tudo o amor!

Pulsa, dispara o coração atento ao toque do telefone,

a campainha da porta
Espera flores, cartas, beijos, mimos, vinhos, flagrantes.
É uma tristeza que se desencontrem os errantes,
É um horror afastar deste especial calor estes semelhantes.
Há desperdício na solidão de cada casa onde rolam de tesão e sós
estes pobres desejantes.
Por isso pergunto:
por deus, quem é o senhor vil que condena os amantes?
Sabedor de que ainda é Eros e desejos o que os margeia,
Conhecedor do que acontece com os corpos quando bate a lua cheia;
Por deus do céu, que isso muito me chateia:
quem é o deus cruel que impedindo a sacanagem, aos amantes
[sacaneia?!

Lira inocente

São inocentes os amantes!
Com seus amores vogais
feitos de tantas consoantes,
querem mais daquilo que provaram.
Quem, que filosofia
poderá explicá-los?
Os amantes não estão calmos,
uma vez que são delirantes,
e dispostos a escalar os montes,
as cordilheiras do sonho.
Providenciam pousada na montanha
mais próxima, no país da Possibilândia.
Os amantes estão tramados às redes de palavras que trocam,
aos versos que de seus corações brotam enquanto a distância
aciona mais a saudade,
e a própria saudade gera estratégias para esticar
o desejo na linha do tempo
até que seja chegado o momento,
o tão desejado instante.
Faltam apenas 24 horas
para o fim da agonia de antes.
Ó pobres ricos amantes!
Eles com seus amores consoantes
querem de novo e outra vez,
beber daquilo que encontraram a primeira vez,
quando instalou-se a doideira.
Sabem pouco.

Mas tudo parece daquelas
coisas raras.
E apostam,
por excesso de ilusão ou esperança,
num novo tempo de águas claras.

Sim, a certos olhos, há de parecerem errantes.
Mas não, são inocentes os amantes!

Dafodavindes

A mulher subindo a pé
carregando ao colo
o filho pesadinho e amado.
Vem aconchegado em seus braços
na íngreme ladeira.
É foda.

Um homem amando outro homem.
Foda.
Uma mulher em paixão por outra mulher.
Foda.

Um dia a moça deu para o outro
a macia rosa.
Da deliciosa noite de prazer
brotou menino.
É foda.
Um entra dentro do outro
e habita o mundo.
Foda.
O princípio é uma foda.
Bendita palavra,
nome do profundo encontro,
coisa gostosa que nunca
sai de moda.
Foda.

Palavra pequena e benta,
não sei por que incomoda.
Mente quem nega
o que a vida é:
Foda!

(Ridijaneiro,
30 inverníssimo de julho de 2015)

OBRAS DE ELISA LUCINDA

A lua que menstrua. Produção independente. 1992.
Sósias dos sonhos. Produção independente. 1994.
O semelhante. Rio de Janeiro: Record, 1995.
Euteamo e suas estreias. Rio de Janeiro: Record, 1999.

Coleção Amigo Oculto (infantojuvenil):

O órfão famoso. Rio de Janeiro: Record, 2002.
Lili, a rainha das escolhas. Rio de Janeiro: Record, 2002.
O menino inesperado. Rio de Janeiro: Record, 2002.
A menina transparente. Rio de Janeiro: Record, 2010. (Prêmio Altamente Recomendável, da Fundação Nacional do Livro Infantil e Juvenil — FNLIJ.)
A dona da festa. Rio de Janeiro: Record, 2011.

50 poemas escolhidos pelo autor. Rio de Janeiro: Edições Galo Branco, 2004.
Contos de vista. São Paulo: Global, 2005. (Primeiro livro de contos da autora.)
A fúria da beleza. Rio de Janeiro: Record, 2006. (Primeiro livro de adultos para colorir.)
A poesia do encontro. Com Rubem Alves. São Paulo: Papirus, 2008.
Parem de falar mal da rotina. Rio de Janeiro: LeYa, 2010.
Fernando Pessoa, o Cavaleiro de Nada. Rio de Janeiro: Record, 2014. (Finalista do Prêmio São Paulo de Literatura, 2015.)

Este livro foi composto na tipologia Berling LT Std/
Cantoria MT Std, em corpo 11/16, e impresso
em papel off-white no Sistema Cameron da
Divisão Gráfica da Distribuidora Record.